本当の強さとは何か

増田俊也 Toshinari Masuda
×
中井祐樹 Yuki Nakai

新潮社

ユーキ・ナカイという偉大なる男

増田俊也

中井祐樹の名前は、現代格闘技界において最大のレジェンドである。
柔道界でいえば木村政彦、空手界でいえば大山倍達に並ぶといっても過言ではない。海外に行くと、格闘技関係者で「ユーキ・ナカイ」の名前を知らぬ者はいないほどの偉大なる男である。

その伝説を作ったのは、もちろん世界の総合格闘技の黎明期、１９９５年に日本武道館で開かれたＶＴＪ95（バーリトゥード・ジャパン・オープン95）という過酷なワンデートーナメントであった。中井はこの大会の１回戦で１９８センチ１００キロあるオランダの空手家ジェラルド・ゴルドーと8分無制限ラウンドでバーリトゥード（ポルトガル語で「何でもあり」の意味。現在の総合格闘技の原型）を戦い、実に30分以上かけてヒールホールドで一本勝ち、さらに準決勝でアメリカの巨漢レスラーを腕挫《ひし》ぎ十字固めで下して決勝へ進出、ヒクソン・グレイシーと戦った。

中井の体格は１７０センチ71キロという最軽量だったので、どの試合も死闘の連続となった。しかもルールが未整備だったため、〝喧嘩屋〟の異名をとるゴルドーの反則のサミング

（目潰し）によって1回戦途中で右眼を失明していた。しかしそれでもそのまま試合を戦い、決勝まで勝ち上がっていったのだ。まさに命と引き替えに、日本に総合格闘技を根付かせた。

　しかし、この失明のために、わずか24歳で総合格闘技からの引退を余儀なくされ、絶望の淵に立つ。だがそれに屈するどころか数年後にブラジリアン柔術家として復活、自身が現役として戦いながら弟子たちを育て上げ、現在では数万人いる日本のブラジリアン柔術界のトップに立っている。これほど強い精神力を持つ人間を私はほかに知らない。いや、私だけではなく、中井を知る人間は誰もが同じことを言う。

　私はあのＶＴＪ95を、北大柔道部の同期２人とともに武道館２階の観客席から応援していた。

　中井は北大柔道部の３期後輩である。つまり私が大学４年時に１年生だった。

　大学運動部の４年生にとって後輩は宝物である。北大でいえば七帝戦《ななていせん》（北大・東北大・東大・名大・京大・阪大・九大の旧帝国大学７大学だけで行われる寝技中心の柔道大会。戦前の高専柔道ルールを踏襲し、15人戦の抜き勝負、場外なし、一本勝ちのみなど普通の柔道とは異なる。一般に七帝柔道と呼ばれる）で優勝するために、徹底的に鍛え、育て上げるのだ。自分たちが卒業したあとも、優勝の夢を追って戦ってくれた後輩たちはまさに分身であった。

　なかでも中井祐樹は白帯で入部してきたが、高校でやっていたアマレスの下地と類いまれな精神力で、３年生４年生となる頃には〈北大に中井あり〉と謳われる超弩級選手、エース選手となった。そして４年生の七帝戦が終わると大学を中退し、当時世界で初めて本格的なプロ総合格闘技を志向していたプロシューティング（現在のプロ修斗）に入門するために横浜に移り住む。そこから3年後に、あのＶＴＪ95を戦うのである。大学を辞めてまで追った夢だ。それが怪我というアクシデント、それも相手選手の反則による失明で破れてしまうのだ。いかほどの絶望だったたか、われら凡人には想像もつかない。

ときどき私は『七帝柔道記』（角川書店）や『木村政彦はなぜ力道山を殺さなかったのか』（新潮文庫）の読者に「やはり後輩のなかで中井さんは特別ですか」と聞かれるが、「いや、後輩はみな同じです」と答えるようにしている。だが本音を言うと、やはり特別なのである。それはしかし、後輩だから云々という単純なものではない。たとえ先輩後輩としての出会いではなかったとしても、会って話せばその生き様に衝撃を受け、心から尊敬する男だ。繰り返すが、私はこれほど強い精神力を持った人間を他に知らないからだ。

しかも強いだけではなく、謙虚であり、さらにリングを降りたあとも自身の目標を見失わず、それを成し遂げるバランス感覚にもすぐれている。これほど完璧な人間を私は見たことがない。彼の言葉には地獄のような状況を、自らの努力で突き破ってきた人間だけにある深みと奥行きがある。1つ1つの言葉が生き、そして熱く脈打っている。

彼の言葉は、たんにリングの上での格闘技術に留まらず、24歳での悲劇の引退後のジム経営とブラジリアン柔術普及の爆発的成功を成し遂げた経験からフィードバックされたものであり、どの言葉もビジネスや学問など他ジャンルに応用が利くものである。

このことに気づいた新潮社の私のノンフィクション担当編集者である岡田葉二朗氏が「先

行きが見えづらくなっている現代は、誰もが心身の強さを身に付けたいと模索している人ばかりです。そういった悩めるビジネスマンや主婦、中学・高校生まで、誰もが強くなれるヒントのような言葉が詰まった本を中井さんと対談形式で作れませんか。もちろん五輪の他種目に出るスポーツ選手たちのバイブルにもなりえるような本を」と提案してきたことから、この本は生まれた。

私自身、テープ起こしされて渡された原稿を読みながら「これはあらゆる人にとって救いの書となる」と確信した。対談しているときから感じてはいたが、こうして活字になると、中井の言葉の切れ味の凄みはあらゆる人生啓蒙書を圧倒している。

彼は普段から多くの格闘技雑誌のインタビューを受けているので、私としてはそういった専門誌で語っている言葉を少しレベルを落として一般向けに語ってくれればと思っていたが、実際には中井は格闘技雑誌にさえ語っていない厳しい言葉を、核心をついて語っている。

だからこの書は、人生啓蒙書として読む一般の人たちだけではなく、格闘技ファンたちも〝知らなかった中井祐樹〟を知る驚きに満ちた書となっている。ぜひ多くの読者に中井祐樹の思想を知ってもらいたい。この考え方を身に付ければ、どんな立場の人も、夢を必ず叶えられる人間的強さを手にすることができるだろう。

日本サンボ連盟の理事でもある編集者・藁谷浩一氏の尽力で2年前に出された中井の著書『希望の格闘技』（イースト・プレス）、私が書いたノンフィクション集『VTJ前夜の中井祐樹』（イースト・プレス）も併せて読んでいただければ、さらに中井への理解は深まると思う。ただ、『希望の格闘技』は短い言葉の断片を集めたもの、『VTJ前夜の中井祐樹』は私の筆のものであるから、この『本当の強さとは何か』こそ中井の肉声が収められた初の本格的書籍である。とくに現役スポーツ選手は中井の言葉の1つ1つを自身の血肉とし、日々の練習に励んでほしい。

本当の強さとは何か　目次

中井ジムの強さの秘密
RIZINを観戦して思ったこと
クロン・グレイシーはさすがの強さ
日本柔道と日本柔術のこれから
柔術の普及により生まれた「歪み」
いまこそ武専の復活が必要だ
中井スタイルはウィンドウズ方式

私の格闘技精神がすべて詰まった本

中井祐樹

北海道大学柔道部時代の増田俊也。増田作品の世界観のすべての原点は、この時代に温められた。(1988年7月、東京大学七徳堂前)

北海道大学柔道部時代の中井祐樹（右）。左は同期の主将で親友だった吉田寛裕（1992年7月、大阪大学体育館）。吉田は中井のVTJ95の勇姿を見る前に24歳で夭逝した。

第一章　北大柔道部とプロ修斗の頃

前年、日本で初めて開かれたバーリトゥード（総合格闘技）大会「VTJ94」で日本の代表選手２人が惨敗したため、翌年の1995年、VTJ95でプロシューティング最後の切り札として最軽量170センチ71キロで参戦した中井祐樹（左）。１回戦から198センチ100キロのオランダの空手家ジェラルド・ゴルドー（右）と当たり、凄惨な流血試合となった。中井はゴルドーの反則によって右眼を失明してもなお戦い続け、30分以上の激闘の末、最後は下からのヒールホールドで一本勝ちした。（1995年４月、日本武道館）

映画『SP野望篇』で見せた本物の技

増田　さっき新潮社の方たちと話してたら、岡田准一君主演の映画『SP野望篇』で敵役として登場したあの格闘家、中井が演じてたってこと誰も知らないから驚いたよ。みんな「えっ！」ってびっくりしてた。

中井　あ、はい（笑）。

増田　中井は謙虚だから自分で言わないいんだよね（笑）。いろんな実績があるんだから前面に出してもいいのに、謙虚だから何も言わずに黙ってる。普通なら「あの映画に僕も出てました」って言うのに。でも中井のその人格が人を惹きつけて日本の総合格闘技とブラジリアン柔術界をまとめてるわけだからね。

中井　はい。すみません……。

増田　だから謝ることないんだって（笑）。あのアクション、すごいリアルだった。読者ももういちど中井だって認識して観てみると、すごい動きしてるから観直してほしいな。

中井　ありがとうございます。監督から「今度撮る映画に出てくれませんか」と声をかけられたんです。技術うんぬんもそうだけど「表情やたたずまい、そういった本物感を演じられるのは中井さん以外にいない」って。

増田　俺もそれ、別のところから聞いた。

中井　撮影は初めての経験の連続で楽しかったですよ。

増田　初めてとは思えない演技だったね。さすが腹が据わってるよ。主役の岡田准一君を食ってるから。

中井　いえいえ。でも本当に楽しかった。また機会があれば、俳優もやってみたいです。

増田　ヒクソンも実は俳優になろうとしていたんだよね。

中井　え、そうなんですか？

増田　ロサンゼルス在住のとき、俳優学校に通って、ハリウッドデビューを目指してたんだよ。

中井　へえ。そうなんだ。

増田　その夢は叶えられなかったみたいだけど。そういう意味で、リングでは中井はヒクソンに負けたけど、映画出演では勝ったわけだ（笑）。

中井　ハッハハハ（笑）。

増田　じゃあまずは、格闘技ファンには周知のことだけど、中井と増田が出会った頃の話からしようか。

中井　僕が平成元年に北海道大学に入学したとき、つまり1年目のときの4年目が増田さんでした（**北大の体育会や恵迪寮《けいてき》では留年が多いので○年目という言い方をする。関西の大学の**

○回生にあたる)。

増田　3学年違うんだよね。昔、ある出版社の校閲部が何かのゲラのプロフィールで鉛筆訂正入れてきたの。「3学年違いなのにどうして5歳違いなんですか?」って(笑)。僕は2浪で入学して中井は現役合格で入ってるから、年齢は5歳違うんですと言ったら「なるほど」と(笑)。

中井　はい(笑)。

増田　馬鹿でぼんくらな先輩もって大変だろうけども(笑)。

中井　いえいえ(笑)。

増田　書籍では『木村政彦はなぜ力道山を殺さなかったのか』(新潮文庫)のなかでの中井の登場の仕方も話題になった。著者である僕が「真剣勝負なら木村政彦先生が勝っていた」ということを証明するために、レスリングの太田章先生とか総合格闘家の髙阪剛先生とか、いろんな一流格闘家に試合ビデオを見せて聞いてくシーン。木村先生に有利な発言を載せていくなかで、中井が飲み屋で「あのときは増田さんがあまりに真剣に『真剣勝負なら木村先生が勝っただろ』って言うので、そのように答えてしまったのですが……」と前言を翻し、「あのときは木村先生のスイッチが入っても力道山が勝っていたのでは」と本音を吐露するシーンは、あの作品のもっとも力のこもった場面だった。「中井祐樹ほどの男が言うのだから私も事実を書かざるをえない」と、木村政彦はあの試合では完敗したんだというふうに書いていくシーン。どうしてそこまで中井祐樹という人物の言葉を重くとっているのかと、格闘技をあまり知らない読者によく聞かれる。

中井　ええ。僕もあの本が出てから、いろんな方から「読んだよ」と言われました。

増田　後輩の言葉だから重くとったんだろうと誤解してる人もいるけど、違うんだよ。先輩後輩とか関係なく、中井のやったことへの圧倒的な敬意なんだよ。「中井祐樹」の名前を世界の格闘技史に永遠に刻むことになった伝説の大会、1995年に日本武道館で戦われたバーリトゥード・ジャパン・オープン95（VTJ95）というワンデートーナメントを実際にこの眼で見たからなんだよ。あの試合が日本のみならず、UFC（1993年、グレイシー一族がアメリカで開いたアルティメット大会は現在でも続いており、大会名は頭文字から取ったUFCと呼ばれるようになっている）などで活躍する世界中の総合格闘家とブラジリアン柔術家が、ユーキ・ナカイの名前をレジェンドとして神格視する所以だからね。日本よりむしろ海外の方がネームバリューがあるんだよね。海外へ行くとあちこちで声かけられるでしょう？

中井　そうですね。

増田　あのバーリトゥード・ジャパン・オープン95では、会場の日本武道館の2階席から俺も応援してたんだけども、リングサイドには大相撲の小錦や武蔵丸、作家の椎名誠先生や夢枕獏先生、極真空手の岩崎達也さん、正道会館の石井和義館長とか、みんな見ていた。いったい格闘技界はこれからどうなるんだろうという分水嶺のような試合だった。あの試合で中井は前評判を覆して、1回戦のジェラルド・ゴルドーをヒールホールドで下して一本勝ち、準決勝のクレイグ・ピットマンを腕挫《ひし》ぎ十字固めで破って、決勝戦でヒクソン・グレイシーと戦った。

中井　はい。

増田　ただ、1回戦のゴルドー戦でゴルドーがロープを抱えて倒されないようにしながら中井にサミング（目潰し）の反則をして、中井は右眼を失明してしまったんだよね。でもそのまま決勝まで戦って、決勝後にヒクソンに「ユー、サムライ」と声をかけられて。この試合のことはあとで詳しく聞くことにして、時系列で中井祐樹はどうやってできたのかということを話していこうか。

中井　はい。僕も一般の読者の方にもわかっていただけるように話していきます。

増田　うん。いまではパラエストラという海外まで展開する格闘技ジムネットワークのトップであり、国内に何万人もいるブラジリアン柔術界のトップで日本ブラジリアン柔術連盟会長だけれど、もともとは北海道の田舎で生まれて、札幌北高でアマレス、北大で七帝柔道（北大・東北大・東大・名大・京大・阪大・九大の7大学だけで行われる寝技中心の柔道大会。戦前の高専柔道ルールを踏襲し、15人戦の抜き勝負、場外なし、一本勝ちのみなど普通の柔道とは異なる）をやった。そして大学4年で中退して横浜に移り住み、プロシューティング（現在はプロ修斗と名称変更。元プロレスラーの佐山聡が創始した投げや関節、打撃を包括した総合格闘技の嚆矢）に入門してプロ格闘家になる。それが1992年かな。

中井　はい。そうです。

増田　北大中退からプロ格闘技転向、シューティングと佐山聡先生、ＵＦＣの登場、ヒクソン・グレイシー、ホイス・グレイシー、ホリオン・グレイシー。どういうふうに当時日本で唯一だった、いや、世界で唯一だよね。グレイシー以外では世界で唯一だった総合格闘技志向団体のプロシューティングに入門することになったのか。中井が入門したときはグレイシー柔術のことはシューティングでも認知されてなかったんでしょ？

中井　グレイシーはまだ知られてなかったです。全然、まったく。

増田　当時なんとなく総合格闘技っぽいことをやりたいっていうプロレスラー、格闘家は日本にいろいろいて、試行錯誤はしてたんだけど、たとえば拳で殴るのが禁止されてたりして、本当の総合格闘技とはいえなかった。ＰＲＩＤＥ（プライド）やＵＦＣで使われている殴ることができて摑むこともできる薄いグローブ、いわゆるオープンフィンガーグローブは、実は佐山聡先生がプロシューティングで開発したんだよね。中井はどうして北大を辞めてシューティングに行ったのか、それをまず聞こうか。

プロレスファンが格闘技に目覚めるまで

中井　僕はもともと子供時代にプロレスラーになりたかったので、プロレスが最強の格闘技だというふうに信じて、猪木さんとかを信じてたので、その猪木さんから脱皮する形で生まれたＵＷＦに入ろうと思ってたんです。

増田　さっき俺もＵＷＦのトレーナー着てたけど。スネークピットジャパンさんが復刻したトレーナー。

中井　さっきホテルのロビーで着てる人がいると思ったら増田さんで、びっくり（笑）。

増田　50歳のおっさんが着るものではないけどね（笑）。

中井　ハッハハハ（笑）。

増田　宮戸優光（元ＵＷＦレスラー。現在はスネークピットジャパン代表）さんのスネークピットジャパンが最近復刻したのを、枚数限定だったので急いで通販で買ってしまった（笑）。中井がＵＷＦに入ろうと思ったのはどうして？　中井は身長１７０センチしかないからレスラーになるっていっても……。

中井　ＵＷＦは身長に関して特に規定がなかったんです。

増田　へえ、ＵＷＦはなかったんだ。

中井　はい。新日本プロレスとか全日本プロレスは１８０センチとか１８５センチないと入れなかったんですけど、ＵＷＦはないって書いてあったんですよ。だから根性さえあれば行けるんだなと思って。あとはやっぱりＵＷＦが新日本から脱皮した、よりリアルな方向性を打ち出してたので「こっちが本物だ」「新日は違ったんだ」って思ってたので。

増田　全日本プロレスについては？

中井　全日は全日で、あれはあれでいいっていうことですね。だからＵＷＦに行こうと思って、ＵＷＦの旗揚げがちょうど84年ですから、中２とか中３なんですよ。

増田　中井の年齢だとその頃だと第１次ＵＷＦっていうことね。

中井　はい、もちろんです。

増田　俺も第1次をビデオでずっと観てたけど。テレビ中継がなかったからね。

中井　だから『週刊ゴング』で見るような感じだったんですよね。

増田　『格闘技通信』が俺が大学1年のときに創刊されたので、その頃に中井が中3か高1か。

中井　三角絞め、ヘッドシザーズ、チキンウィングアームロック、チキンウィングフェイスロックっていうような、地味な技が中心で「こっちのほうがリアルなんだ」って思っちゃった。でも、そういう作戦だったんですよね、UWF自体が。

増田　第1次UWFは僕たちのようなマニアに熱狂された。でも一度は興行自体が消滅して新日に出戻りし、もう一度飛び出して第2次UWFになってものすごいブームを呼んで社会現象になった。いつだっけ。俺、第2次UWFの旗揚げ第2戦、中島体育センターに、北大柔道部同期の宮澤守君と観に行ったんだけど。

中井　1988年に再旗揚げです。

増田　というと俺が大学3年だから中井は高校3年のときだね。もしかしてあのとき中井も中島体育センターに観に来てた？

中井　いや、行ってないです。

増田　〝黒い藤原〟ノーマン・スマイリーとか出てて。当時、あのUWFって名前の入ったレガースがかっこよくてね。

中井　僕が入ろうと思ったのは第1次のほうなので、第2次は敵なんですよ、完全に。
増田　もうシューティングに？
中井　いや、間違えました。第2次UWFの途中からですね。北大柔道部に入ってたから。
増田　途中から敵って、その途中って何年ぐらいのとき？
中井　1990年ですから僕が北大の2年生ですね。
増田　ああ、そういえば格闘技雑誌のインタビューで昔言ってたね。高田延彦がかけたキャメルクラッチを見て「あんなのかかるわけがねえだろ」と思って、「UWFが真剣勝負じゃないのが、あの瞬間すべてわかった」と。
中井　高田さんがキャメルクラッチで船木さん（船木優治＝現在の船木誠勝）に勝った試合だった。リアルでキャメルクラッチはないだろうと（笑）。もう北大柔道部に入って寝技バンバンやってましたから「俺でもわかりますよ、そんなもん」っていう。それと時期を同じくしてプロシューティングが旗揚げして、さらにアマチュアスポーツとしても浸透させようという試みに。
増田　プロシューティングが旗揚げされたのは中井が何年のとき？
中井　89年ですね。大学1年生です。平成元年なので、でかい年なんですよ、いろいろと。天安門事件とか。ぼくにとっては総合格闘技が。
増田　匹敵するぐらいの大きさな。
中井　はい。プロシューティングの旗揚げはそれくらい僕にとって大きなことでした。

増田　それで俺は4年目で引退して大学中退して北海タイムス社に入って、そのとき北大1年目だった中井はいったんUWFへ眼が行ったと。そこでUWFが真剣勝負じゃなくてプロレスだと気づいた。シューティングに行こう、引退したら中退して行こうって思ったのは2年目とか3年目？

中井　2年のときにはもう監督さんにそうやって言ってますね。

増田　終わったらシューティング行きますって？

中井　はい。

増田　岩井眞監督（当時の北大柔道部監督）に言ったの？

中井　はい。

増田　そのときなんて言ってた？　監督さんは。

中井　よく覚えてないんですよ。「そうなんだ」みたいな感じだったと思いますけどね。

増田　北大柔道部は自由な雰囲気があったんだよね。和泉唯信さんなんかも数学科出てすぐ徳島大学医学部行って、俺も辞めて新聞記者になったり。

「中井さんは柔道場に住んでいる」

中井　僕の場合、大学で学問に挫折したっていうのがあるんですよね。訳がわからなくなっちゃって。マークシートを埋めるのは得意だったんですけど、その裏にあるものには何も興味なかったんだなと。何も知らねえんだなっていうことが自分のなかでわかってしまった。

論文1行も書けないで、なんか文を書く試験が大講堂であったんですけど、1文字も書かないで出てきちゃったんですよ。書けなくて。そのときもうメインストリートを「だめだ、こりゃー」って思って走りましたね（笑）。あのとき僕、何かが終わった音がしました。

増田　札幌北高なんかは、当時は北大予備校って言われたぐらい、半分ぐらいが北大に入る高校だったよね。中井はそこに越境入学してるんだよね、浜益村（石狩支庁最北端にある海辺の小さな村。現在は石狩市に編入され浜益区に）の神童として。北大柔道部では「村の抜き役（チームのポイントゲッター。相手選手に勝ちにいく役）」と言われてた（笑）。

中井　ハッハハハ（笑）。そうそう。同期のやつらにからかわれたんです。

増田　このあいだ聞いてびっくりしたんだけども、浜益村にいる子供のころ北海タイムスを配達してたんだってね。実家が新聞販売店で。当時は北海道の田舎の本当に優秀な子は札幌の親戚に預けられて、札幌北高や南高に来て、そこから北大に行くっていうことがあった。法学部選んだっていうことは、何かちょっと将来はそういう？

中井　いや、全然ですね。あんまり高校時代はいろいろ考えてなかったんです。

増田　中井は北大文Ⅲ（主に法学部へ進むための教養部。当時の北大は文Ⅰ、理Ⅱなど大まかな枠で入学させて教養部での2年間の成績と本人希望をもとに3年目から学部へ進学させていた。教養部から学部へ進学することを「移行」と呼称した。東大はいまでもこの教養部主義を貫き、やはり文Ⅰや理Ⅲなどで入学させているが、東大の文Ⅰは主に法学部、文Ⅲが主に文学部、理Ⅲは医学部など、かつての北大の区分とは構成が異なる。東大では教養から学部へ進学することを「進学振り分け」と呼称する）に入学したんだけども、文Ⅲを選んだのは、将来法曹に進もうとか、そういうのはあったの？

中井　いま話すとちょっと恥ずかしいんですが「君は何学部が合ってるかなテスト」みたいなのが旺文社か何かの雑誌に当時あって、それをやったら僕は理論立てて考えるのが好きだから法学部に向いてるみたいなのが出たんです。そのときに「ああ、法学部なのかな」と思って。だから文Ⅲを受けようってしただけで、なんの意味もないです。

増田　中井は札幌北高の優等生なんだよね。現役で入ったし。俺みたいに2浪とか、沢田征次（『七帝柔道記』に出てくる増田の同期部員）は3浪みたいな、老成した部分はだから入学時にはなかった（笑）。やっぱりストレートできてるから真面目だったんだよね。

中井　はい。そういうところがありました。

増田　俺みたいな年寄り学生は高校時代や浪人中にさんざんやりたいことやって、いろんな挫折もしてから入学してきてるんだけども、中井は浜益村の神童として札幌に来てエリート優等生として入ってから論文を書けなくてちょっと考えた。そこからロックからジャズから、あと純文学から、一気に突っ走っていくんだけど。

中井　大学の図書館と、ずっと草むらで本を読んでたりとか。

増田　そういう時代は青春のどこかで必要なんだよね。それが中学高校時代であろうと大学時代であろうと社会人になってからであろうと。そういえば、俺が北海タイムスの記者だった頃に中井の後輩に聞いたんだけど「中井さんは柔道場に住んでいる」って（笑）。いつ行っても道場にいるって。道場で本読んでたの？
中井　そうですね。『バイタル柔道』（日貿出版社から出ている技術書）読んだり、昔のビデオとか観たりして。昼寝することもあったし。
増田　ほとんど学校に行かなくなって。
中井　授業はそこそこ出た記憶はあるんですけど、途中から出られなくなった。それで抜けて、狸小路の映画館まで行ったり。
増田　もう将来はプロ格闘家になるんだと、プロシューティングへ行くんだと決めてたの？
中井　そうですね。2年生のときにはそう思ってたので。留年したのはちょっと計算外だったんですけど。
増田　留年したのは法学部に移行してから？
中井　いえ、教養部で留年しています。移行できなかったんですよ。そのときに、これは卒業まで待っていられないなと思って。
増田　ときどき格闘技雑誌で「大学は神聖な場所だ」って発言してるけども。
中井　はい。大学はいわばこの世で一番美しい場所だと。やっぱり真理を探究する人が集まる場所みたいに思う。だけど僕は勉強しようと思って行ったわけじゃないから。北大を受けようと思って行っただけだから。
増田　札幌北高の流れに乗って。受験勉強のマークシートの流れに乗って。
中井　乗って。1回プロレスラーになるっていう夢は捨てて、高校時代レスリングで全国に行けなかったから「ああ、もう終わりだ」と思って、それで普通の高校生になって、みんなと勉強して。

増田　普通の北大生として入って、柔道部に入って、また刺激を受けて人生観が変わって、舵を切り直して。

中井　北大柔道部に入って、なんとなく自分は何もできることないから、だったらこの職人になるほうが。職人っていうものにすごい憧れたんですよね。

増田　職人というのは寝技のことだね。七帝柔道、寝技の職人として、格闘家として。

中井　はい。

増田　当時、北大柔道部に入って、全国各地から来た15人の同期たちに囲まれて、やっぱりいろんな考え方の影響を受けて？

中井　そうですね。自分が何も考えないで入学したんだな、っていうのに気づかされることが多くて。

増田　他の同期たちにいろいろ考えてるやつとかいて。

中井　それもありましたしね。何もできなかったので、本当に。

増田　勉強以外ね。

中井　勉強も、世界経済についてって言われても何も考えてないわけですよね。それがわかってしまって。だからそこから一から読み直そうと思って、「新潮文庫の１００冊」みたいなのを。今回のこの本が新潮社だから言ってるわけじゃなくて、「新潮文庫の１００冊」を全部読んだりとか。子供の頃もプロレスの本しか読んでないので、ほとんど普通の子が読んでるであろう名作みたいなのって一切読んでないんですよ。それも全部大学生になってから読み直して。

増田　乾いた砂が水を吸収するように、だね。北海道の当時の田舎、たとえば浜益村っていうのは、本屋なんかはあったの？

中井　いや、ないですね。札幌まで行くんです。プロレス雑誌に関しては雑貨商店が入れてくれてたんですけど、普通の本屋はなかった。

増田　北海道の田舎行くと、木造の小さな古い雑貨店、生活用品から電池から雑誌からなんでも置いてあるコンビニの原型みたいな店があったからね。

中井　はい。『月刊ゴング』（かつて日本スポーツ出版社から出されていた格闘技専門誌。現在の格闘技誌『ゴング格闘技』だが、当時はプロレス色が濃かったので、むしろプロレス誌『週刊ゴング』の先行誌にあたる）の新号入りましたよとか、連絡が来るんですよ。僕は『月刊ゴング』とか『月刊プロレス』とかで言葉を覚えたようなもんですからね。外国人のインタビューとかも事細かに読んで、どういう転戦してるのかとか全部読んで、そういうので育った。でも読もうと思ったらガーッと読むところがあった。6年生の末期ぐらいで江戸川乱歩とか全部読んだりとかそういうのをし始めたので、読むのは好きだったとは思うんですけど、それにしても『レ・ミゼラブル』とか、そういうのとか一切読まないできたんですよ。『小公女』だとか、みんなが名作って言ってるものをまったく無視してきたので、大学に入ったときはそういうのから読んだりしてましたね。

増田　この『VTJ前夜の中井祐樹』（イースト・プレス）に出てくる北大柔道部時代のエピソード、吉田寛裕（中井の同期の主将、卒部後24歳で夭折。中井は副主将だった）と銭湯で話して、吉田が中井はあんまり悲観して考えないやつだと思っていたら悲観的なことを言ったので驚いてた、みたいなことを書いたけど、あれはたとえば北大が七帝戦で優勝できないんじゃないかとか、そういう話だったの？

中井　部がもう先輩もつらすぎる感じだったし、重苦しい感じだったんですよ。

増田　七帝戦優勝に向けて。

中井　おそらく「正直しんどいんだ……」みたいなことを言ったんじゃないかと思うんです。

増田　あまりに悲愴感が道場にみなぎってるから、なんとか優勝してくれというのは。

中井　やっぱり戦前からずっと続いてる堂垣内知事（堂垣内尚弘。北大予科から北海道帝国大学卒。北大予科時代に高専柔道優勝を遂げたメンバーの1人。北海道知事を3期務め、昭和の北海道政界のゴッドファーザー的存在だった）の時代の話とかもう大好きだから読んでるじゃないですか。「なんでこんなに弱くなっちゃったんだろうな、俺ら」とかって、ずっとしゃべってたんですよ。高橋広明さん（北大柔道部昭和54年度主将。盛岡一高時代にインターハイ出場。北大に入学後も超弩級選手としてならした重量級選手）の頃とかともう全然違うから。

増田　だって当時は道警の特練（柔道強豪大学からさらに選りすぐって採用され、勤務軽減のうえ五輪などを目指すプロ集団。他に剣道や射撃などの特練もある）が北大に出稽古に来てたっていうからね。来るってことは稽古になるから来たわけで。それだけ強かったんだよ。

中井 どうしてこんなになっちゃったのかって。道内の優勝大会（7人制の講道館ルールで大学団体全国一を決める大会の道予選）でも道都大とかに覇権が変わったからなのかもしれないけど、でもそういうのとかも含めてモヤモヤがずっとあって、その頂点だったんじゃないですかね。

増田 七帝戦優勝のプレッシャーが。

中井 暗いことをずっと考えてたと思いますよ。一日中、本を読んだりとか、ロック聞いたりとかして。

増田 でも、そのときインプットしたものはものすごく大きいわけだよね、いま。

中井 そうですね。いますごく大きいです。とにかくそういうのに走りまくって。練習は本当にがっちりやったと思うんですけど、大学の勉強はまったくしなくなった。

シューティング入りの裏話

増田 それで吉田寛裕と中井祐樹の代が七帝戦で12年ぶりに北大に優勝旗を持ち帰ったあとに、中井は大学を辞めて横浜に移り住んだ。引退してから岩井監督に挨拶したの？ シューティングに行きますって。

中井 行きますは2年目のときに言ってるので。

増田　４年目のときも話はしたんだよね。辞めます、みたいな。
中井　もちろん。「これで終わりです」って僕言ったと思うので、優勝してみんなでビール飲んだときに、「これで全部終わりです」って。「今日はパーッとやって終わりたいと思います」みたいなことを言ったんです。
増田　親にまず話すよね。
中井　でも親父は説得できなかったですね。強引に、説得しないで辞めました。
増田　お母さんは？
中井　「男は好きなことをやったほうがいいんじゃないの」みたいな。なんか夢を諦めた過去があるらしく、なりたいものがあったけどならなかったとか。
増田　それで北大辞めて横浜行って、花屋のアルバイトをしながらプロシューティング入りするわけだけども。
中井　そうですね。仕事は佐山（聡）先生に紹介してもらったので。
増田　最初に衝撃受けたって格闘技雑誌のインタビューで言ってたよね。プロだからそれだけで食ってると思ったら、みんな別の仕事を持ってやってたっていうのが。プロ格闘技だけでは食べていけないというのが。
中井　そうですね。そんなことも知らないで行ったんですよ。プロシューティングになったとき、アマシューティングからプロシューティングになったっていうので、もう月給いくらかなぐらいのつもりで行ったら、みんな「今日の仕事は」云々とか話してる（笑）。「今日は外回りで大変だった」とか言ってるんですよ、チャンピオンクラスの人が。「えっ？」と思って。そしたらみんな、誰一人食べれてないっていうことがわかって。

増田　ショックを受けた。

中井　えらくショックを受けましたね。調べて行けよっていう話なんですけど、でも情報がないので、その当時は。

増田　当時はインターネットもないからね。

中井　はい。部屋も借りられなかったんですよ、最初。部屋借りようと思ったら「仕事ない人には貸せません」っていうから、じゃあ仕事探そうと思って行ったら「住所ない人は採用しません」って、どうしたらいいだろうなと思って（笑）。しょうがないからって反町公園で落合信彦とか読み出したら、ホームレスがいっぱいいるんですよ、そのへんに。

増田　「俺もこうなるのかな」って。

中井　はい。「これはやべえな」と思って。

増田　でもそこで全然悲観してないんでしょ、中井は。

中井　いやあ、どうしようかなと思って、プロデビューしてタイトル獲る間も、やっぱり何の資格取ろうかなとかずっと考えてましたよ。何の資格を取ったら生きていけるのかなとか、情報誌とかペラペラめくったりとかして、そういうことをずっと考えてたような気がしますね。結局格闘技以外は何もやってないんですよ、いまのいままで。

増田　それは自分で切り開いたんだよ。

中井　そうなのか、なんなんですかね。

増田　あとはやっぱり天国から見てる格闘技の神様が動かしてくれてるんだと思うな。中井が真摯に頑張ってるから。まあ、当時は本当、俺もそうだったけど、若いときはなんとかなるかと思って。若いからなんとかなると思ってたよね。最初シューティング入って、佐山先生にはどこで会ったの？

中井　佐山先生は一応常駐してるジムなんですけど、やっぱりいつもいる、常駐というか部屋はあるんですよ、先生の部屋が。でも忙しいのかやっぱりあんまりおられなくて。

増田　入門して最初に会ったときの印象はどんな？

中井　「北海道から本当に来ちゃったの？」とか言って（笑）。1年前に見に来てるので、北大柔道部の東京遠征合宿のときに。

増田　東海大とか東洋大とか拓大とか回った北大柔道部の東京遠征ね。

中井　はい。でも佐山先生は「あ、本当に来ちゃったの」とかいう感じで、「仕事紹介してくれる人いるよ」とか言って、「だけどその人、いまちょっと入院してるから1週間待って」って言われて、「ジムで寝ていいよ」って言われたんです。それでキックミットを枕にして、夏だったので掛けるものいらないんで、寝てたんですよ。昼も夜も練習して、夜はそこで寝てた。とりあえず当座のお金だけ作ってきたので。

増田　いくら持ってきたの？

中井　う〜ん。いくらだったかな。

増田　10万ぐらい？

中井　学生相談所でひと月バイトさせてもらったんですよ。

増田　学生相談所って？　北大にそんなのあったっけ。

中井　いや、北大の施設じゃなくて、学生にバイトを紹介する相談所が札幌駅の近くにあったんですよ。そこに行き詰めると、1日だと時給割で安くなるんですけど、短い時間だと安いと集まらないからちょっと高いんですよ。だから3時間とか4時間で終わるようなやつを1日に3個入れたりとかして、それで結構当座困らないぐらいのお金を作っていった。いくらだったかな。30万とかですかね。20万とか、ちょっと忘れましたけど。七帝のあと、1カ月、間があるんですよ。当時七帝戦は7月中頃じゃないですか。シューティングに入ったのは8月某日なので、1カ月ぐらいバイトしまくったんで、30万っていうことはないな。そんなに稼ぐわけないですよね。でも1日1万ぐらいになりますかね。だから20万とかなんじゃないですかね。

増田　上京するときは……俺は札幌で北海タイムスの記者にそのままなったからなかったけど、就職して札幌を離れる先輩が後輩たちに寮歌を歌ってもらいながらホームを出て行くっていう、『七帝柔道記』にも出てくるあのシーン。中井もシューティングに行くときはあった？

中井　いや、僕はプラッと出てきたんですね。

増田　1人で。

中井　はい。部も休みだったし。たぶん。
増田　みんな帰省してるから。
中井　七帝の優勝パーティーで、ぼくは本当パーッと花火のように散って終わるみたいなことを言ったんですよ。
増田　散るっていうのは？
中井　七帝戦で散りました。七帝はもうこれで終わりますと、終わりましたみたいに言って、そこから会ってないですもんね、誰とも。
増田　誰とも会ってない、しばらく。
中井　はい。しばらく会ってないですね。
増田　同期たちに最後に会ったのは？
中井　追いコン（卒業間近の2月頃に北大道場で卒業生チームと現役チームが試合をする伝統行事。そのあとにコンパで後輩から酒を注がれ泣きながら痛飲する）のときです。追いコンのためだけに一度また札幌に来て。
増田　追い出しコンパね。戻ったんだ。同期たちは「おお、頑張れ」っていう感じだった？
中井　いやあ、何も言われなかったんじゃないですかね。どうなるものかもわからないし、「やめろ」とも「やれ」とも言わない感じだったと思います。
増田　それで横浜のジムで最初はキックミットを枕にして1週間泊まってたと。中井は打撃は最初どうだったの？

中井　打撃はクラスに出て、スクーリングに出てやったことを自分で反復するんですよ。スクーリングのない日は。

デビュー戦は「キムラ」で極めた

増田　このあいだ当時のプロシューティングの試合をたまたまネット上の動画で観て、「中井、打撃強いじゃん」って驚いて見てたんだけど、最初から最後まで完全なグラップラー（柔道やアマチュアレスリングなど組技系格闘技の競技者をこう呼ぶ。逆に空手家やボクサーなど打撃系格闘技競技者をストライカーと呼ぶ）のスタイルで総合格闘技もやってたと思ってた。つまり相手の打撃技をかいくぐって捕まえて倒して寝技で極《き》めるスタイルだと思ったけど、結構アグレッシブにガンガン打撃を打っていくスタイルだったから驚いた。打撃は自分に合ってたの？

中井　いや、合ってないと思いますね。僕は逆に全然難しいなと思ってました。佐山先生にも打撃はすごい怒られてましたね、ずっと。

増田　練習後もクラスに出て、花屋のバイトをやる以外はずっと練習してた？

中井　はい。バイト先も佐山先生の紹介のところだったので、花市場ですけど、住み込みだったですから家賃なかったですし。宿直室みたいなところがあって、そこに泊まっていいよっていうことで。ただし荷が来たら降りてきて、朝は3時とか4時とかに荷物が来たら全部それを入れて。

増田　シャワーは銭湯へ行って？

中井　いえ。シャワーもそこにあったんです。休憩室みたいなところだったので。前いた人が逃げちゃったっていうので空いてるので住まわせてもらえたんです。ただし佐山さんの紹介だからな、社員になるわけじゃないからなっていうことで、練習に間に合うように最後の配達はいいよっていうことで上げてくださってたんですね。

増田　なるほど。

中井　花市場って〈表日〉〈裏日〉っていうのがあるんですよ。これはネットで調べるとすぐ出てくるんですけど、荷が集まる日が表日で月水金だけなんです。木曜は休み。火土も来るんですけど、裏日って言って荷の集荷が少ない日なんですよ。この月水金がもうメインなんです。その裏日があったので、ウエイトトレーニングをする時間もつくれるんですよ。表日は確かに朝早いし長いんですけど、でも朝早くて長いって言ったって夕方には終わるので、そこから走れるし、ちょっと寝れるし、そのあとジムに行けるし。翌日は早いっていうだけで、なんとかなるんですよ。それでよかったですよね、すごく。だからあれは本当運がいいだけなんですよね。基本運がいいんですよ。すごく。

増田　真摯な中井を、神様が見えざる手で助けてくれたんだよ、きっと。

中井　結局2年しかいないんですよね、その花市場に。でもその間はもうこのままずっとバイトだったらどうしようって、ずっと思ってましたね。だってファイトマネーで食えたことも、もらったこともほとんどなかったので。

増田　デビュー戦がいつだっけ？

中井　デビュー戦は1993年の4月ですね。「おお、お疲れさん」って、それで終わりでしたからね。

増田　ファイトマネーなしだったのか。ヒールホールドで極めたんだっけ？

中井　いや、キムラ（柔道の腕緘《がら》みのこと。木村政彦がマラカナン・スタジアムでエリオ・グレイシーを極めたときのこの技を、いまでもブラジリアン柔術界では木村に敬意をこめて「キムラ」ないし「キムラロック」と呼ぶ）です。横三角からキムラです。

増田　横三に入ったまま、この時点で（腕をテコにする仕草をして）こう極めたの？

中井　いえ。横三から起きて極めました。

増田　それで初めての第1回アルティメット大会（現在のUFC）が11月だったよね。グレイシー柔術について佐山さんが話したのは、入ってすぐに？

中井　わりとすぐだったと思います。グレイシー柔術っていうのが、「腕挫《ひし》ぎ柔術」って聞こえたんですよ。「腕挫ぎ柔術、腕挫ぎ柔術」ってあの早口の口調で言うから、「腕挫ぎ柔術ってなんだ？」って思ったんですけど、グレイシー柔術って言ってたんですね、先生は。

増田　シューティングの選手をたくさん集めたところでその話したの？

中井　いや、何人かしかいなくて、座ってたところに先生が言いに来たんです。

増田　「ブラジルにはすごいのがある」って。

中井　「もしかしたらこいつらといつか試合するかもしれないよ」とか言われて。「打撃はブンブン丸みたいに下手くそだけど、寝技は超強い」って。だからたぶん『グレイシー・イン・アクション』（グレイシー柔術の初期教則ビデオ。ルールなしの異種格闘技戦など過去の貴重な映像も入っていた）か何かを見たんじゃないかと思うんですよね、たぶん。見せられたか、見たか。バーリトゥードって言葉も佐山先生はすでに使ってましたね。イワン・ゴメスっていうのは知ってたから。それがまた結構盛り上がってきてるからやるかもしれないみたいなことを言われて。そしたらアルティメット大会がアメリカで開かれてグレイシーが騒がれだして。

増田　佐山聡先生のイメージというと、プロシューティングを特集したテレビの影響かどうか、すぐに殴る蹴るの人なんじゃないか、みたいに思ってる人もたくさんいる。「おまえ、やれ！　思い切り蹴れって言ってんだろ！」、バチーンと殴って。

中井　全然、本当にすごく人当たりがよくて。

増田　純粋な方なんだよね。

中井　そうですね。いつも気軽な感じで話してくれるような人です。

増田　頭のなかが格闘技のことで一杯という。

中井　だったでしょうね。いまは違うでしょうけど。本当に気軽に話すような感じで、腰も低かったですし、そういう感じの人です。

増田　怖いイメージはひとつのポーズっていうのもあったんじゃないかな。酒を飲んで酌み交わしたとかっていうことは？

中井　飲んだことはないです。先生はたしか飲まないので。
増田　１９９３年の第１回アルティメット大会は、中井は開かれてから知ったの？
中井　なんか『週刊プロレス』でちょっと出たりしてたので。シャムロックが負けたからだと思うんですけど。戦前の柔道が残ってて強かった、みんな絞められた、みたいな。

アルティメット大会が日本に与えた衝撃

増田　第２回アルティメットに市原海樹選手（投技も認められた大道塾空手チャンピオン）が出てホイス・グレイシーに負けて日本の格闘技界に衝撃が走って、一気に雑誌特集が組まれたよね。市原選手は当時の日本で「ルールなしなら一番強いのではないか」と言われていたので、その市原選手が寝技に持ち込まれて片羽絞めでタップ（参った）したのは衝撃だった。それで格闘技雑誌もプロレス雑誌もみんなグレイシー柔術とは何か、バーリトゥードとは何かという大特集を組みはじめて、市原海樹選手が参加したときには、若き日の松原隆一郎先生（東京大学大学院教授、社会経済学者。東京大学柔道部長）、板垣恵介先生（漫画家。『グラップラー刃牙』シリーズ）、夢枕獏先生（小説家）、それから刃牙のモデルの格闘家の……。
中井　平さん（平直行）。
増田　平さんとみんな日本からついていって、それから山田利一郎先生（当時大道塾空手師範代）も。俺は１９９２年に北海タイムスから中日新聞社に移っていて、中日の先輩記者が会社に持ってきたビデオで初めてアルティメット大会を見た。新聞社だから遅くまで会社にいるんだけど、仕事が終わった後、深夜2時くらいだったかな。それでびっくりしたんだけど。衝撃的だった。

中井　そうですね。第1回もそうですけど、第2回のほうが凄惨な試合が多かったですね。流血の。

増田　佐山先生はその話については？

中井　もうその頃にはあんまり言ってなかったですね。

増田　むしろ門下生たちのほうが盛り上がってた。

中井　でも僕は全然見てなかったですし、映像でも見てないし。話を聞けばわかるじゃないですか。「グラップリング（裸でやるブラジリアン柔術の練習のような格闘技。競技試合もある）強いやつがグラップリングできないやつに勝ってるだけでしょ」っていうことで。「俺が言ったとおりでしょ」って。

増田　へえ。中井はあの時点では見てなかったんだ。あれだけ話題になって、日本の格闘技界の中心のプロシューティングにいて見なかった。そこには何かの強い意思が感じられる。中井が映像を見たのはいつ？

中井　第3回か第4回の辺りにビデオを見たんだと思います。貸してもらったのかな。持ってる人たちに。

増田　それを見たときはどうだった？

中井　ほんと「だから言ったでしょ」っていう感じだったですね。

増田　ルールがフリーになればなるほど寝技が強いやつが勝つんだと。バーリトゥード、こういう試合では必ず打撃格闘家ではなく寝技が強い者が勝つと。

中井　はい。

増田　それはシューティングのなかでもやっぱり寝技重視の七帝出身の中井ならではの視点だね。それをシューティングのなかの人たちさえわかってくれない状況だった。だからこそアルティメット大会のビデオも見なかった。「その結果はあたりまえなんだ」と。

中井　はい。当時のプロシューティングは柔道のルールに例えていえば講道館ルールだったんですよ。寝技のブレイクが早くて。せっかく関節や絞めを極めそうになってるのに立たされちゃうので。それはそれでスポーツ格闘技としてはきついんですけど。

増田　七帝柔道出身、寝技出身の中井のファイトスタイルにとっては不利だった。

中井　心肺機能にはきついですよ。3分5ラウンドの「待て」ありで、寝技のブレイクが結構早くて。

増田　寝技をやらせてくれなかったんだ、長くは。

中井　長くはやれなかったです。つまりさっき言ったように柔道でいえば講道館ルールだったんです。だけどアルティメット大会っていうのは寝技膠着の「待て」がない、寝技ブレイクがない、どっちが強いかを本当の意味で決める。つまりルールを極限まで削ぎ落とした七帝ルールの個人戦なわけですよ。ずっと抑え込んで上をキープしてても「待て」がかかんないわけだから、そこからじっくり関節や絞めを狙えるよね、寝技が強いやつが勝つよねって思って。「そんなの驚くことじゃないでしょ」って。「俺、ずっと言ってたじゃん」「あたりまえでしょ」って。

増田　アルティメット大会の結果は見えていたと。

中井　はい。それだったらグラウンドが得意の人間が強いですよ。寝かしてずっと攻撃できるわけだから。

増田　シューティングは講道館ルールに似て「待て」があるけども、アルティメット大会、バーリトゥードではルールが非常に少ないので、自分の寝技が活かせると。

中井　要はブレイクがないんです。「なきゃそうなるでしょ」って。「だから言ったのに」って。

増田　シューティングのなかでのミーティングや飲み会で、中井はそのことは以前から主張してたの？　他の選手、先輩とかはきちんと理解してくれた？　ルールなしでやったら寝技戦になると。寝技が強いやつが勝つと。

中井　あんまり通じなかったですね。僕と朝日さんぐらいしかそういうことを言ってる人がいなかったんで。

増田　朝日さんっていうのは先輩シューターで寝技の非常に強い、あの朝日昇さんだね。

中井　はい。でもやっぱりシューティングでは傍流《ぼうりゅう》なんで。

増田　中井や朝日さん、そして寝技は、シューティングのなかで傍流だったってこと？

中井　はい。

増田　そして1993年に第1回アルティメット大会で初めてグレイシーが出てきて、翌年に佐山さんがプロシューティング主催でヒクソン・グレイシーを招いて第1回バーリトゥード・ジャパン・オープン94を開いた。

中井　はい。

増田　ホイスがアルティメット大会の試合後インタビューで「僕はたいしたことはない。僕より10倍強い兄がいる」と発言した、その兄がヒクソンのことだったんだよね。「それならその一番強いヒクソンを招いてトーナメントをやろう」と、佐山さんが主催した第1回バーリトゥード・ジャパン・オープン94。あのときは中井はまだ2戦か3戦くらい？

中井　93年にたぶん3勝1敗くらいですね。朝日さんに負けたぐらいで。

増田　それで第1回バーリトゥード・ジャパン・オープン94を佐山さんがヒクソンを招いてやると。当時のシューティングのエース、川口健次さん（当時のプロシューティングのライトヘビー級王者）と草柳和宏さん（同ウェルター級王者）を出場させて、「ルールなしのバーリトゥードになればシューティングこそ世界最強だ」「打投極《だとうきょく》といううどの技術にも対応できる総合格闘技の本家はうちだ」ということを証明しようと考えて。でも結果は、川口さんも草柳さんもヒクソンに当たる前に打撃系の外国人選手に血まみれにされて負けてしまった。そしてヒクソンが寝技を駆使して優勝した。あれはどこでやったの？

中井　東京ベイＮＫホールです。日本版アルティメット大会ですね。

増田　そのとき初めてヒクソンの実物を見たわけだけど、その前にヒクソンのビデオは？

中井　ヒクソンが戦ったのは見たことなかったですね。弟のホイスより強いっていうことはもちろん聞いてました。グレイシー一族最強らしいと。それは聞いてた。

増田　ポニーテール時代のヒクソン、間違いなく当時の世界最強格闘家だった。あのトーナメントで初めてヒクソンを見てどうだった？

中井　背中しか見えなかったです。僕、川口さんの病院に行ってたので。その救急車を待ってる間に、ちょっとちらっと見たら背中だけ見えたんですよ。

増田　そのときのイメージは？

中井　なんかオイルレスリングみたいだって。

増田　光ってるからね。肌が褐色で試合中は汗で光ってるから。試合映像は大会が終わってから見た？

中井　あとで見ました。

増田　見てどうだった？　技術的に。

中井　よくわからなかったですね。なんでそう簡単にヒクソンだと負けるのかが当時の僕の能力ではよくわからなかったですね。いま思うと、圧倒的に差があるにすぎないんだけど、要するに我々が弱かったとしか言いようがないですよね。

増田　まだバーリトゥードの技術を見る目がなかったんだね。

中井　ええ。我々が弱かったっていうか、何もわかっていなかったとしか言いようがないですね。バーリトゥード用の戦い方をわかってなかった。普段のルールがこれがないから、あったら違うものになっちゃうんだっていうことがわかっていなかったですね。それでシューティングのルールが変わっていくんですよね、そこから。

ゴルドー戦について、いま思うこと

増田　この第1回バーリトゥード・ジャパン・オープン94でシューティング代表として出場した川口健次さんと草柳和宏さんが勝てなくて。結局、グレイシー一族もプロシューティングも寝技をやっていて、寝技なら少なくともグレイシー以外には勝てるはずだったのに、ヒクソンに当たる前に打撃系選手に潰されてしまった。これはいままでやってきたのは間違っていたということで、この試合後からプロシューティングもマウントパンチ（相手に馬乗りになっての顔面パンチ）を認めたり、寝技を重視しはじめた。

中井　はい。それで変わってくるんですよ。まだしばらく残ってたんですけど、旧ルールとバーリトゥード向きのルールに分かれたりとかして。そっちのほうで僕は試合するようになっていった。

増田　アートゥー・カチャー（ブラジリアン柔術黒帯。ホイラー・グレイシーの弟子）とバーリトゥードでワンマッチをやったときは？

中井　あれはバーリトゥード・ジャパン・ルールだったと思います。1つの興行にいくつかのルールが混在してるような感じで、見てる人がわかりにくかったはずですけど、過渡期ですね。

増田　カチャーに対して途中で膝十字固めを極めたり、それは逃げられたけれども互角に戦って引き分けて、日本の格闘技界の最後の希望となった。第2回は佐山先生のほうから「おまえ出ろ」って言われたの？

中井　はい。

増田　第1回のときはシューティングから2人出て、第2回は中井1人だったけども、それも佐山先生の考えなのかな。

中井　ちょっとわからないですけど。

増田　自分としてもやりたかった。

中井　自分しかいないと思いました。

増田　寝技なら負けないと。

中井　はい。それで95年の1月からエンセン井上（ハワイ出身の日系4世の総合格闘家。ブラジリアン柔術青帯時代に来日しプロシューティングに入門。後にランディ・クートゥアーを腕挫ぎ十字固めで下すなど活躍した強豪）が来たので、追い風なんですよ。3カ月か4カ月ずっと一緒にやってたので。

増田　エンセンは当時青帯ぐらいだよね。

中井　はい。すごいびっくりして。

増田　それはでも柔道とは違う、いわゆるバーリトゥード用の寝技のポジショニングっていう考え方に驚いたでしょう。彼はまだバーリトゥードをやってなかったからね、その頃は。それなのにブラジリアン柔術の技術体系、思想体系のなかに、バーリトゥードの思想が内包されてた。ルールなしで勝つための技術と思想が。

中井　はい。

増田　当時の競技柔術はまだ非常にバーリトゥード色が濃かった。

中井　はい。そのとおりです。

増田　それでエンセン井上からマウントの重要性とかポジションの重要性を習って。

中井　すごかったですね、やっぱり。

増田　エンセンとの練習はやっぱり効いた？

中井　そうですね「俺、いままでやってたのはなんだったんだろう」って感じですね。簡単にマウントとか取られちゃうし。

増田　1回戦でゴルドーに当たったときのこと、俺、漫画家の板垣恵介さんからこのあいだ聞いたんだよ。あの試合の数年後に板垣さんがたまたま新幹線で中井に会ったときにいろいろ話して、板垣さんが「ゴルドーとやるのは怖くなかったのか」と聞いたら中井が「いや、ゴルドー美味しいでしょ」って笑って言ったって驚いてたけど。つまり寝技に持ち込めば勝てると思ったということなんだろうけれども、よくあの状況で「美味しい」と言えるなと、板垣さんが中井の胆力に驚いてた。

中井　どうなんですかね……（うつむいて）言ったんですかね……きっとね……。

増田　向こうは打撃しかできないからっていうこと？

中井　そうですね（うつむいたまま当時のことを真剣な顔で思い出している様子）。

増田　勝てるとは思ってたの？

中井　勝てると思いました。

増田　中井がどこかでのちのち言ってたよね。「あの日本武道館のなかで、勝つと思ってたのは自分と佐山先生だけだったと思う」って。

中井　そうかもしれない。

増田　準決勝のピットマン（クレイグ・ピットマン。アマレス全米選手権グレコローマン130キロ級2度優勝）も相当きつい試合だったでしょう。

中井　そうですね。あれはもう2時間ぐらいかけて取るつもりだったんで……。

増田　途中で強烈なパワーボム受けて。

中井　あれ、すごい痛かった。もうめちゃめちゃ効きました。

増田　決勝のヒクソンにも勝つつもりだったの？

中井　ヒクソンとは勝つつもりでやったかどうか、（虚空を見て思い出しながら）いまになってはわからないですね……。

増田　中井は試合前に「ヒクソンまでは行く」って言ってたんだよね。

中井　はい。だからその通りになっちゃいましたね。

増田　それを後悔としてインタビューで言ってたね、「ヒクソンに勝つ」っていう目標じゃなくて、「ヒクソンまで行く」っていう目標が低すぎたんじゃないかっていうふうに。

中井 だからその通りになるんですね。勝つ力量ではなかったですね。

増田 初めてヒクソンと組んだときの印象はどうだった？

中井 グラウンド（寝技術）を比べようと思ったんですよね。そう思ってる時点で総合じゃないですよね。

増田 中井は打撃にはいかずに、すぐ寝技に引き込んだよね。

中井 はい。

増田 ゴルドーとか、組み合ったときのパワーはどういう感じ？

中井 ゴルドーはあんまりパワーはなかったですけど。

増田 準決勝のピットマンのほうがやっぱり印象に残ってる？

中井 ピットマンは（体重差とアマレスの実績があるので）テイクダウン（倒して寝技に持ち込むこと）することができないので難しい戦いになると思ってたんですけど、ラウンドの時間さえ気をつければ、下から何かできるかなと思って。ただ時間はかかるなと思ってた。とにかく2時間ぐらいかけて、みんなが地下鉄や電車で帰れなくなるといいなと思って。

増田 本当に帰れなくなりそうだったからね、あのとき。

中井 はい。帰れなくなったら面白いんじゃないかと思って、全員。そしたらたぶん新聞に載るじゃないですか。社会面に載るじゃないですか。

増田 たしかに日本武道館の観客1万人が帰れなくなったと、新聞は報じるだろうね。

中井　そしたら美味しいなと思ってたんですけどね。

増田　つまり社会的にインパクトが出るから。格闘技が注目浴びるから。

中井　そうです。

増田　まだルールも整備されてなかったし、こういう試合での戦い方が確立されてなかったから、どの試合も長引いて凄惨なものになって、延々と続いたからね、あの日は。トーナメント全試合が終わったのは深夜零時に近かったと思う。終電近くだった。

中井　そうですね。

増田　世界の格闘技の分水嶺となる大会だったから、観客席にもすごくたくさん格闘技が好きないろんな人が来てた。極真の人から芸人からいろいろ来て、その前で中井が「バーリトゥードではきちんとした寝技が必要なんだ」ってことを証明して、そのあと右眼失明の怪我で引退をせざるを得なくなったんだけど。大変な試合だったけど、あの試合があったから、総合格闘技興行の市場ができて、他にもたくさんの大会ができた。ＰＲＩＤＥもＤＥＥＰ（ディープ）もＲＩＺＩＮ（ライジン）もあの試合があったからこそできた。中井が総合格闘技を創り上げた。右眼を失明してブラジリアン柔術家になったとき、格闘技雑誌に言ってたんだっけ。「これは神様からプレゼントされたんだ」と。ブラジリアン柔術をやる機会をね。

中井　そうですね。

増田　ブラジリアン柔術をやるって、その切り替えっていうのはすぐできた？

中井　いや、やっぱりできなかったですよね……。（青ざめて辛そうにうつむき、当時を思い出しながら）治る治るとは思ってても、実際はどこの医者もだめだっていう感じだったですし……ちょっと迷っていましたね……。誰に診せるといいよっていうのはいっぱい聞いて、手をかざしただけで治しちゃうような人がいるというので、そういうところも紹介してもらって全部行きました……いろんなところに……。

増田　総合格闘技を本当にやりたかったんだな……。夢を追ってプロになって……まだ25歳だったんだから……。

中井　……。

増田　そうやって治療法を探してる最中だったんだよね、あのジアン・マチャドとブラジリアン柔術ルールでやった試合は。総合ルールの興行のなかでリングの上で1試合だけ中井とマチャドが柔術ルールでやった。俺はあのときも会場で観てたんだけども。

中井　あんまりやりたくなかったというか……本当は……柔術をやるわけじゃないし、みたいな……。

増田　総合格闘技をやりたくて、裸の格闘技をやりたくて北大を中退して道衣を脱いだのに、また道衣を着るのかと。

中井　後ろ向きみたいな感じでやってたので……なんかいやだったんでしょうね……。やってるときはすごいやる気出して練習してたんですけど。

増田　完全に格闘技から引退っていうことは考えなかったの？

中井　治して復帰か、治らないままでも強引に復帰かみたいなことは言ってたと思います……。

増田　強引に復帰っていうのは、総合、つまりバーリトゥードに？

中井　はい。だけどライセンスが下りませんっていう話で……。

増田　まだ25歳だもんな……。総合格闘技やりたくて上京してきて、アルティメット大会が出てきて、バーリトゥード・ジャパン・オープン95で結果出して、さあ、これから総合格闘家として世界へ出ていくぞというときに……。

中井　……藤原敏男さんとかには「やめろ」と言われたんですよ……「体を大事にしなきゃだめだ」って……。

増田　そこから立ち直った力っていうのはどこから出てきたんだろう。

中井　やっぱり基本は辛くて困ってるんだけど……日々練習したり教えたりして、指導もずっと続けてましたし、それでジムのことを考えたりとかしてやっていましたので……もう全然そのときの記憶がないぐらいですからね……どうやってたかなと思って……。「柔術やればいいじゃん」とかって、ずっと獏先生（作家の夢枕獏）とかに言われてたんですけど……。

増田　獏先生に言われてたんだ。

中井　はい。でも「柔術とか道衣とかはもういいですよ……」って言ってたんですけど……。朝日さんがホイラー・グレイシーに負けるまで待たなきゃいけないですね。96年の。

増田　あれで切り替えた。

中井　はい。

ブラジリアン柔術への転向

増田　朝日昇さんとホイラー・グレイシーが戦った試合、『格闘技通信』の当時の見出しが《日本最弱》っていうショッキングなものだったけど、寝技があれだけ強い朝日昇さんがホイラーに寝技で負けた。チョークスリーパー（裸絞め）でタップ（参った）した。

中井　それで「ああ、やっぱりこれはもう差があるんだな」って、だったら本チャンの柔術でやるのもいいかなと思って……。海外しかやってないんだったら僕が海外に出て練習して、自分が強くなれば、自分と練習する人も強くなれるんじゃないかと。自分がホイラー・グレイシーと五分にやるようになれれば、レベルが上がるんじゃないかと。だからいまと同じなんですよ、言ってることは。まず自分がやっていけば、周りの人がきっと上がるんじゃないかと思って、それでやることにしたんですね。

増田　その気持ちの切り替え、すごい精神力だよな。普通の人なら終わってしまうような状況で、もう一度立ち上がった。中井の真価は、ＶＴＪ95で結果を出したことではなくて、あのあとやったことだと俺は思う。それで中井は自分の道場「パラエストラ」を起《た》ち上げた。起ち上げたのはブラジリアン柔術転向と同時？

中井　いえ。ずっとあとです。97年の暮れなので。

増田　奥様と結婚したのはいつだっけ？

中井　96年の秋ですね。

増田　そうか。一番きついときだよな。それでパラエストラっていう新しいフォーマットをつくって、道場を。なんだっけ、英語の標榜が――。

中井　マーシャルアーツ・コミュニケーションですね。

増田　中井のジム、パラエストラが標榜する、そのマーシャルアーツ・コミュニケーションという思想について、読者にわかるように語ってくれるかな。

中井　そうですね。佐山先生はブラジリアン柔術クラスをつくろうと、エンセン井上のクラスをつくるって、僕がまだ選手だったとき言ったんです。もう僕は真っ先に反対して「先生、それやめましょう」って。「全員柔術になっちゃいます」と。「シューティングをやろうとする人がいなくなっちゃいます」と言ったんですけど、佐山先生は「いいじゃん」って言ったんですよ。

増田　へえ。面白いね。

中井　たぶん軽い気持ちで言ってると思うし、もう忘れてると思いますけど、「いいじゃん」って言ったんですよ。そこから修斗はブラジリアン柔術を飲み込んでいくというか、消化していく方向に向かうんですよね。柔術クラスができて、修斗の中の柔術の比重が大きくなってくる。バーリトゥードにまず先鞭をつけたので、そのなかでちょっと僕は柔術をクラスで習うようになって、ベース格闘技を何もやってなかった弟子とかが強くなって、プロシューターとかと五分に戦うか勝つようになるんですよね、柔術やっていくと。そういうのとか見て「なんなんだ、これ」と思って。

増田　なるほど。

中井　七帝柔道のことがあるのでわかるんですけどね、後輩が寝技で寝かして、トップのやつを抑え込むとかってわかるんですけど、でもそれにしてもまったくプロレス研究会みたいなやつですから。それがアマレスで結果残してるプロ選手とかにこうなっちゃうっていうのがやっぱり柔術ってすごいなと思って。しかもエンセンの柔術クラスが超楽しいんですよ。こんなに楽しく教えてていいのっていう感じで。

増田　それは俺も最初にブラジリアン柔術の練習を見て感じた。

中井　それぐらい色濃いですよね。初心者を育てたりするのは僕ら七帝柔道出身者は元から得意なはずなんですよ。だからシューティングジムに柔術クラスつくったりとかして、火木だけだと他の曜日しか来れない人は受けられないから、毎日教える時間を作って、それ以外の時間はスパーリングとか。とにかくブラジリアン柔術のクラスを僕も受けて、北大柔道部のマインドにさらにブラジリアン柔術を加えていった。

増田　北大柔道部のマインドっていうのは？　つまり七帝柔道のマインドだね。弱いやつを強くしようというシステム。

中井　はい。僕は初心者を強くするっていうことは七帝柔道で元からやってたわけですけど、ブラジリアン柔術のやり方が入ってきて、新しくジムを開くときは、それがうまくミックスできるのではと。自分もその頃ちょっと紫に上がってましたし。

増田　紫って？

中井　紫帯です。

増田　ああ、帯のことね。白帯と黒帯は柔道も空手もみんな同じだけど、途中の色帯の段階はその武道によって違う。ブラジリアン柔術の帯制度に関してはわからない人もいると思うので説明しておくと、白帯、青帯、紫帯、茶帯、黒帯の順だね。

中井　はい。

増田　もう1つ、柔道や空手と違うのは、ブラジリアン柔術で面白いのは、帯が上の人は下の帯の者に自由に帯を与えることができるということ。黒帯は茶帯・紫帯・青帯を、茶帯は紫帯・青帯を、紫帯は青帯を「おまえ、もうそろそろ大丈夫だ」と言って与えることができる。柔道や空手のようにややこしいことがなくて、もっとオープンでフランクな雰囲気。これもブラジリアン柔術の独特の空気感のもとになってる。

中井　はい、そうですね。それで、僕、青帯で優勝して、次の年パンアメリカンの選手権に出たときに「おまえは青じゃないからもう紫で出ろ」って言われて、それで次に紫を巻いたんですよ。

増田　中井が後に黒帯をカーロス・グレイシーJr.から允許《いんきょ》されたのは有名な話だけど、青帯や紫帯、茶帯は誰から貰ったの？

中井　青はエンセン井上にもらったんですけど。あ、いや違った。白帯で大会に出ようとしたら「おまえは白はだめだ」って言われて、ヘウソン・グレイシー（ヒクソンやホイスの兄）に貰った。それで青帯で出ていって青で優勝して、次の年のパンアメリカンに出るときに青帯で出ようとして「おまえ、青はだめだ」って（笑）。「パープルで出ろ」って言われたので、それで紫帯で出て。その翌年のパンアメリカンはパラエストラを開いたばっかりですけど、そのときは「紫で去年優勝してるけどどうしたらいい？」って聞いたら「茶帯を認めるから茶で出ろ」って言われて（笑）。そういう感じだったんですよ。もうあり得ないんですけどね、いまだったら。だからパラエストラを開いたときは紫帯だったんですよ。そのときに道場を開いたときの主軸は柔術にしようと。ブラジリアン柔術と修斗、総合格闘技。柔術は底辺のために、修斗はエキスパートスポーツできついから上に。上にっていうのは語弊がありますけど、ブラジリアン柔術でベースをやっていって、いきなり修斗に行きたい人は行ってもいいけど、柔術だけを極《きわ》めていくやり方もあります、みたいな感じにしようと思って、（指でピラミッド型を作って）こういう三角形です。

増田　一般の読者がわかりやすいようにもう少し説明しておくと、ブラジリアン柔術の帯って、昔の講道館や極真空手と一緒で取得が難しいんだよね、昇進するのが。現代の柔道の世界の人からみると「茶帯なら1級なの？」みたいな話だけど、そこは言っておかないと読者がわかりづらいと思うので。僕がいまジムでスパーリングをお願いして練習させていただいている感覚だと、ブラジリアン柔術青帯で柔道2段か3段ぐらいの寝技。紫帯が3段か4段、茶帯で4、5段くらいの感覚だと思う。だからブラジリアン柔術黒帯は全日本選手権や世界選手権クラス。もちろん投技はあたりまえだけど柔道家の方がお話にならないほど断然強い。

でも寝技技術はいまでは柔道をグンと引き離してしまっている。

中井　そうですね。そういったブラジリアン柔術の技術、接していってその奥深さ、技術の高さに驚いて、すごいなと思って。だからブラジリアン柔術を主軸にすることにしたんですよ。大宮のジムにいた時代は僕はブラジリアン柔術を教えてないのですが、それは大宮にはエンセンのクラスがあったので僕はそれを受けるだけで、僕が持ってるのは裸のクラスだったんです。それで独立するときに〈柔術&修斗〉っていうジムにしたんですけど、最初から設立するときのインタビューからもう「全競技に行けるようにします」と言ってるんですよ。「リングスの選手もパンクラスの選手も出しますよ」みたいなことを。「サンボだろうと民族格闘技だろうと、何でも行けるようにしますよ」と言ってるんですね。それはやっといまになって認知されてるところではあるんですけど、でも実は最初から言ってるんです。だけど、やっぱり柔術ジムという色が強くなりすぎたのは事実ですよね。

「楽しんでやる」柔術カルチャーの神髄

増田　いまの若い人たちは中井のプロシューティングの現役時代を知らないから、中井のことをブラジリアン柔術家だと思ってるけど、本当は総合格闘家なんだよね。そこの凄みのようなものを、いまのこの温和な表情から、若い人たちはきっと汲み取れてないんじゃないか。僕はいま地元のジムに通ってるけど、たとえば若い子たちが、20歳前後から30代の選手がブラジリアン柔術のスパーリングの相手してくれて、こっちが50歳なので向こうは力を抜いて適度に相手をしてくれる。だからこの歳でもそこまで痛い思い、怖い思いはすることなく、のんびりと楽しませてもらっている。他の同年配のサラリーマンなんかも楽しそうにやってる。でもバリバリのプロ総合格闘家たちと柔術していて、「打撃ありだったら軽いスパーでもボコボコにされるんだよな」ってときどき思う。中井っていうのは、芯の部分にそういう怖さを持ってる総合格闘家なんだよね。そこはいまの中井祐樹だけを見てると忘れがちだけど、絶対忘れちゃいけないところで。その一局面の柔術をいま教えてる部分が大きいけど、中井は本来は総合格闘家だからね。

中井　そうですね。ブラジリアン柔術は入口としてすごくいいという感じで捉えてます。怪我が少ない。非常に安全で、賛否両論あるけど投げも少ないので決定的な怪我が少ない。続けやすい。「まったく何もやったことのない人でもできる格闘技は唯一柔術でしょう」みたいなことは言ったことはあるんですけど、それは実際は言いすぎなんですけど。

増田　この間、お茶を飲みながら中井と少し話したけど、サーフィン文化と日本のブラジリアン柔術の文化が非常に似てるのは、中井はサーファーじゃないけど、なぜかすごくサーフィンの香りがする。だからかもしれないけど、全国どこのジムに行ってもサーフィンの香りがする。楽しんでる。あと、柔術のことを「マイ・ライフ」ってよく国内外のトップ柔術家が格闘技雑誌で言っているけど、人生と柔術をみんな重ねてる。それってサーフィンと同じ。だからかな、ジムにはサーファーが結構来てるけど爽やかでね。黒帯の人とかでも僕みたいな年寄りをボコらないで、笑顔で技を受けてこちらも楽しませてくれる。なんか爽やかなんですよ。

中井　重さはないですけどね。あんまり精神的な重さはないですけどね。

増田　もちろん本気でやるとめちゃくちゃ強いよ。でもそれはそれで1つのカルチャーだからね。

中井　はい。カルチャーとして。

増田　武士の嗜みとして始まった日本の柔道や剣道の「負けたら腹を切る」っていう思想は、昭和時代までで終わったわけではなくて、やっぱりいまでも五輪トップを目指す柔道家たちには心の内にある。それくらいの覚悟がね。ブラジリアン柔術でもトップのグレイシー一族なんかは同じだから、やはり持ってる。

中井　はい。

増田　そんななかで、裾野の広い、一般的なブラジリアン柔術の町道場では、柔道や剣道と違って、もっとフランクで優しい雰囲気がある。たとえば柔道とか剣道って立礼したり座礼したりして乱取り（スパーリング）を始め、乱取りを終える。でもブラジリアン柔術ってまず握手して、（立ち上がって中井を相手に）こうして拳を軽く当てあって、手の平で軽くたたき合って、これが礼なんだよね。

中井　パチンってやったりするんですよね。

増田　優しく笑いながらね。始めるときも終わるときもフランクに。俺の行ってるところなんかブラジル人も来てて、それがすごく新鮮でね。俺は厳しさばかりの柔道から来たから、そのフランクでカジュアルなところが衝撃的でさえあった。北大柔道部時代の北海道警特練への出稽古でボコボコにされたのも衝撃的だったけど、逆の意味で「こうやって楽しんでもいいんだ」って。楽しんでて弱ければ違うよ。でも楽しんでてめちゃくちゃ強いじゃんって。ブラジリアン柔術を始めて3カ月くらいの白帯が、普通に前三角でタップを取ってたりする。柔道だったら前三角なんて使えるようになるのに何年かかるのか。その衝撃っていうのがすごかった。とにかく技術が緻密で、初心者がそれを覚えるスピードが柔道と比べてとんでもなく早い。その理由が最近だんだんわかってきた。それは「ドリル」という力を抜いてやる寝技の打ち込みをやるからなんだと思う。どんなスポーツでも実は当たり前で、野球だっていきなり毎日練習試合ばかりやってたらなかなか技術の向上はない。素振りとかトスバッティングとかいろいろ段階的にやってるのに、柔道の寝技の場合、全部フルパワーで寝技乱取りばっかりやってるところがほとんど。だからパワーをつけるスポーツ、アスリートスポーツとしては柔道の寝技は素晴らしい。柔道家とスパーリングしてみればわかるけど、ものすごく俊敏でパワーがある。でも寝技の技術という点でみるとブラジリアン柔術に大きく遅れてしまった。それはこの寝技のドリル練習と7割方の力で互いに攻防するスパーリングにあると思う。柔道は立技では打ち込みや投げ込みというかたちでそれを百何十年もやってきて技術の緻密な積みかさねがすごいけど、寝技は乱取り中心になってしまってるから、研究の時間がブラジリアン柔術に比べると少なかった。

中井　僕は楽しいものとしてやろうと思って、草野球だなと思って。広めるのは草野球方式だなと思って。

増田　全国あちこちに自立的に育ってるよね。

中井　そうしていったんですよね。

増田　東京だけでもものすごい数の柔術ジムがある。主要な駅前には全部あるんじゃないかな。本当に自立的にいろんなところにジムが自然発生的にできていった。それでつくってから「ここは同好会でみんな集まってやってますけど、中井さん、ここを公認にしてくれませんか」って後付けで。普通は講道館でもそうだし極真空手でもそうだけど、武道って専門家を派遣してそこでビラを配って、そうやってみんな始めていく歴史があったんだけど、逆に向こうから「やらせてください」っていうのは、中井が始めた。

中井　修斗のときも僕は同じことをやってるんですよ。修斗のフロントに入ったときも、全国の総合格闘技をやっている人たち、たとえば『格闘技通信』とかに「練習する仲間を募集してます」って、山口県だの何県だのって載ってたんですよ。でも「この人たちはきっと地方で黙々と練習してるんですよね。だけど発表の場はないじゃないですか」って僕が言ってて「この人たちに修斗になってもらえばいいんじゃないですか」って、その住所とか書いてあるところへ1個1個全部記録して送って「いまだったら無料で修斗のジムとして修斗協会に登録できますよ」と。名称は正確にはジムじゃなくて当時の言い方だとサークルとかだったんですけど。そしたらみんな返信が来て、修斗の全国マップができたんですよ。それも僕がいる頃にやってるんですよ。それで「これを起点にこの人たちがアマ大会とかをやっていくといいね」って言ったら、関西はこのグループがやり出して、もちろん先輩方が行ってやるんですけど、九州はここを拠点にとか、そういうふうになっていって、修斗で先鞭はつけてたんですよ。

増田 うん。素晴らしいね。

中井 これは柔術になったらもっとできるなと思って。その頃は僕は連盟を司るところにいなかったので、ゲリラ的にパラエストラの枠で、パラエストラのフレンドシップサークルとかいろいろ、それを修斗の頃にやってたのを独立したのでちょっと転用して。そしたら柔道をやってて寝技好きなサークルとかもいくらでも見つかるわけですよね。そういう人たちにも柔術に参加してもらって、勝ったらすごい優秀な成績だったら僕が、青帯とか出したりとかして。「まだ僕の帯は公認じゃないですけど」とかって言って、のちの公認になるんですけど。それで「中井に連盟を」っていう話になったときに、それをドカンと全部連盟にしたんですよ。

柔術でビジネスシステムを構築する

増田 いままでのっていうか、他のスポーツでやってたことの逆なんだよね。自発的に出てきたものをボーンって集めたっていう。

中井 だってやりたい人がいて、その人たちからしたら「修斗の公認にしていいよ」って言われたら頑張ると思いませんか。

増田　このフォーマットって、他のたとえばコンビニチェーンとか牛丼チェーンとか、マクドナルドチェーン、スターバックスチェーン、いろんなものとは逆の発想なんだよね。

中井　はい。

増田　最近思ったんだけども、中井のやり方はマイクロソフト社、つまりビル・ゲイツとウィンドウズのやり方と似てるんじゃないかと。アップル社、つまりスティーブ・ジョブズがマックをハードウェアとOSを一体にして発売展開するなかで、ウィンドウズは「どうぞこのOSを使って自社の作ったハードウェアにインストールして使ってください」という手法を使って一気に9割のシェアを世界に作ってしまった。それでコンピュータ界の巨人として先行していた大企業IBMとかもその流れに乗らざるをえなくなって、結局、世界のパソコンほぼすべてがウィンドウズになってしまった。

中井　なるほど。そうですね。そこにやりたい人がいるからっていうふうにしないと。いまは違う考えのところも出てきているので、これからも後に出てくると思うんですけど、確かに先駆けだとは思いますね。

増田　最初やるにはその力も利用するしかなかったんだよね。やっぱりね。

中井　はい。苦肉の策なんですね。修斗のジムは東京近郊にしかなかったし。

増田　それこそ宣伝を打つ財政的基盤もまだないし。でも逆にそれが育ててしまった。俺は最初ブラジリアン柔術の大会をやるために中井と若林太郎さん（パラエストラ設立時から二人三脚で中井と共に柔術と修斗を広めてきた。柔道史研究でも名高い）が名古屋に来たとき会場に見にいった。そのときの率直な感想は、いまだから言えるけど「こんなので大丈夫かな……」というものだった。まだ本当にみんな始めたばっかりの人たちが試合をやって、楽しそうなんだけど、こんなの育つのかなって思った。でもそれが知らない間に全国に広がって、さらにみんなめちゃくちゃ強くなって世界大会へ羽ばたいていった。これはきっとネット時代の若者のビジネスモデルに近いんだよね。

中井　そうですね。ネットと本当に軌を一にしてるんです。

増田　いまは製造業の超一流企業に合格してもネット企業に行く大学生も増えてるらしい。そういう意味で、すごく現代的で先進的なビジネスモデルを中井はパソコン社会に先んじてリアル世界で成し遂げてしまった。

中井　柔術家は当時からネットのチャットとかで理論をやりあっていた。こういうのをやる人って理屈っぽいのが多い。机上で話すのが大好きな人が多い。やっぱりそういう人たちができる格闘技がブラジリアン柔術しかないんですよ。他の格闘技の入口がきつすぎるので。楽しく始めて、笑いながらできる格闘技なんてもうこれしかないので。

増田　しかも、笑いながら和気あいあいで始めた人たちがリアルに強くなれるという。衝撃的なくらい強い。

中井　はい。さらに言うと、やってる人しか面白くないっていう。柔術の試合は見てるだけだと寝技ばっかりだからつまらないですよ。見てる人は絶対に眠くなっちゃう。だけど、やってる人たちは滅茶苦茶面白いし、滅茶苦茶のめりこんで真剣なんですよ。

増田　寝技っていうのは詰将棋だから、経験者が見るとその攻防が面白いんだけども、知らない人が見ると意味がわからず地味だからね。俺がいま通ってるジムの師匠、梅村寛先生（ブラジリアン柔術家、元プロ修斗選手）が仰ってたのが「柔術文化っていうのはオタク文化なんですよね」と。梅村先生ももともと総合格闘家だから、柔術っていうのをいくつかのクラスでやってるだけだけども、柔術文化を客観的にそう仰った。いい感じで言ったんだよ。誉めるかたちで「柔術っていうのはオタク文化で、オタクが育てたんです」と。昔はプロレス研究会しか格闘技オタクが行くところはなかったのに。それが、オタクが始めてリアルに強くなっていって、柔道やレスリングで実績残してるゴツい人を腕挫ぎ十字固めや三角絞めで取れたら、それは面白いよ。

中井　そうなっちゃうんですよね。

増田　そうなっちゃったんだよ。それで5年10年とやってれば柔道の寝技5段ぐらいの力になっちゃって、世界大会とかみんなで旅行感覚で行って。俺も柔術衣にいっぱいパッチ付けたけど、楽しいんだよね。柔道はそんなの付けたら道場入れてもらえないもん。ピンクとか花柄とか、いろんな色や柄の道衣を売ってて、みんな何着も持ってて、赤や緑や黄色の道衣の人が練習していて華やかなんだよね。

中井　はいはい。

増田　迷彩の道衣まであるから、ネットで見て、いま俺も欲しくて欲しくて。迷彩だけでもウッドランド迷彩、ピクセルカモ迷彩、デザート迷彩、いろいろある。柔道は規制してるから、いろんなメーカーがそんなに参入してこないけど、柔術の場合、やっぱり取り囲むビジネスも楽しむところから始まってるんだよね。面白がってビジネスにしちゃう。「こんな道衣があったら面白いなあ」というのをどんどん実現してしまうのがすごい。キン肉マンの道衣とかね。

中井　そうそう、キン肉マンの道衣（笑）。あれ、バカ売れしたみたいですよ。ゆでたまご先生とコラボしてね。

増田　女性の柔術家だとピンクの道衣とか、あと花柄の道衣とかね。他にもいろいろある。道場全体がカラフルで笑顔に溢れてる。そういった選手がニコニコして練習していて、何かすると柔道やレスリングで実績のある選手を寝技でボコってる。これは本当にすごいこと。格闘技文化を根底からブラジリアン柔術が変えてしまったというのが実感。その文化を作ったのが中井祐樹なんだよね。１つの巨大なカルチャーを、たった20年で創り上げてしまった。だから北大柔道部の佐々木洋一コーチなんかは「中井は現代の嘉納治五郎だ」とまで言ってるんじゃないかな。

第二章　強い「指導者」として

「スポーツの名門にいたことがないんです。
全国トップを走ってるところにいたことがない。
だけど、頭のなかでは常にトップを描いていた」

自分の総合格闘技道場を開く

増田　ＶＴＪ95（バーリトゥード・ジャパン・オープン95）で失明して引退を余儀なくされたけど、それでブラジリアン柔術に転向した中井が広めたこの競技がどんどん日本に広がっていった。

中井　はい。

増田　それで柔術も含めて習える自分の総合格闘技道場「パラエストラ東京」を設立して日本中に同名のジム設立を許して、それも広がっていく。北は札幌や室蘭、苫小牧、南は熊本や沖縄にまである。

中井　ええ。そうです。市民の自発的な力で。

増田　自発的に草が生えるようにできてきたっていうのがすごいよね。まさに草の根的な。いままでの日本のスポーツにはなかったモデルだよ。これは格闘技だけの話じゃなくて実は日本のスポーツモデルなんだよ。しかもすごいのは何度も言ってるように、同好会的に起《た》ち上げられたものが同好会で終わってないということ。５年10年と経つうちに、ブラジリアン柔術の素晴らしい育成システムで、普通の青年たちがやってたのに化け物のような選手に育つのも出てきた。何年かするうちに地方にもそういう強い選手が育ってきて。

中井　はい。まずは楽しんで続けてもらおうと。「そのために柔術を使ってください」と。柔術が最もスポーツのできない人でもできる格闘技だと思ったから。もちろん「別に空手でもできますよ」とか「打撃だってできますよ」っていう意見は絶対に出るはずなんですが、ブラジリアン柔術は総合格闘技の心臓部になる技術なので。寝技が弱いと簡単に負けちゃうんですけど、寝技を鍛えておけば簡単に負けなくなる。総合格闘技でもノールールでも負けないっていうところからスタートしてるのがブラジリアン柔術の技術だから。抑え込まれようが何されようが、絞めや関節を極《き》められないとか、カメでも守れるとか。

増田　ブラジリアン柔術の始祖エリオ・グレイシー（ヒクソンやホイスの父。1951年に柔道史上最強の木村政彦と戦ったことでも有名）が細くて体力がない人だったからね。「体力がない者でも勝つにはどうしたらいいか」という工夫から始まった格闘技だから、〈普通の人がスタートして確実に強くなっていくには〉というステップ式の考え方が強い。

中井　ええ。そういうところがあるので、だったらそれもいいだろうと。「あの選手に僕一本も取られなかったんですよ」っていう、弱い人の喜びがあってもいいだろうっていうことが元なんですよ。

増田　それは七帝柔道の思想でもあるね。抜き役（チームのポイントゲッター。相手選手に勝ちにいく役）だけではなく分け役（相手チームのポイントゲッターと引き分けてチームに貢献する役）も生きる場所があるという。

中井　はい。ブラジリアン柔術って七帝柔道にすごく似てるんです。技は全然違いますよ。ルールが違うので技は全然違うけど、似てる。それとですね、僕が考えたのは「弱者が強者になる」という海外のブラジリアン柔術思想システムに、七帝柔道は15人の団体戦ですからその思想もプラスしたんです。柔術にもチームとしての家族みたいなのはあっていいと思って。いろんなところと交流できるっていう。パラエストラはそういうつもりで始めましたね。これをキーにしておけば、ここを起点にすればどこにでも行けると。

増田　最初に始めるハードルを低くして、そこから楽しくドリル（力を抜いて行う技の研究と反復練習）で技術知識を増やしてから、今度はスパーリングとかそれぞれのレベルに応じて自分の意思で増やしていって、フィジカルも強くなっていって、柔道界と同じ化け物が10年かけて育ってきた。楽しいジムから選手を育てて化け物にするという柔術ジムという発想とは対極にあるのが、木村政彦先生のとんでもない過負荷をかけた長時間練習だよね。

中井　はい。

増田　木村先生は「三倍努力」という言葉を掲げて1日9時間という驚異的な練習量を、柔道という厳しい練習フォーマットで出稽古も含めて自分を極限までいじめるなかで強くなった。楽しい合理的な練習のブラジリアン柔術ジム的発想と、木村政彦の驚異的な長時間ハード練習、矛盾するようにみえるこの2つ、どう思う？　今日はここまで聞いてきて、中井は優しいところだけを見せて話してるけど、北大柔道部時代や現役総合格闘家時代から見てきた俺は、中井自身が行う木村政彦的練習も見てきた。中井祐樹の思想のなかにある2つの矛盾。初心者たちがやる楽しい格闘技と、トップレベル、ブラジリアン柔術の世界選手権や総合格闘技のUFCを目指してる総合格闘家たち、それから他のスポーツのトップ選手たちへのアドバイスも含めて、楽しさとトップレベルを目指すという相反するものが併存している中井の指導法について教えてほしい。

中井　僕はパラエストラの格闘技観として「底辺が広ければ頂点は高いはずだ」ということをよく言ってきたんです。これはある意味嘘なんです。広ければ絶対いいかというと、別にそんなことは言いきれないのであって。

増田　どういうことだろう。

中井　広ければっていうけど、日本でこれ以上広がるわけじゃない。ただ、やらせてないのに練習するんですよ、みんな。楽しいから、面白いから、もっと強くなりたいから、もっと知りたいから。

増田　他の日本の学校スポーツにはなかったことだよね。

中井　はい。僕も正直やらされたことはないんですよ。ほぼ。

増田　それはシューティングでも。

中井　はい。

増田　でも中井自身はもともと木村政彦的な男だから。中井は北大時代から精神的強さの化け物だったから（笑）。みんなが苦しくていやがってる練習を1人だけガチガチにやってたからなあ（笑）。『VTJ前夜の中井祐樹』にも出てくるけど北大の佐々木洋一コーチが言うように、練習後はもう伸びちゃってる。僕も含めて普通の選手は途中で時間配分を考えて最後まで動けるように無意識に途中の乱取りで息が上がらないように抜いちゃう。中井は1人だけ当時から違ってたんで、そこがちょっとみんなができるかっていうと……。

中井　僕はやらされてるわけじゃないんですよ。やりたいからやってるだけで、やらされてないんですよ。「これをやれ」って言われてやったことってたぶんないんじゃないかなと思うんですよね。

増田　まあ木村政彦先生も自分1人で出稽古に回って自分で自分を追い込んでたからね。努力の天才というか、学問だったらフィールズ賞とか獲ったりする数学者とか、みんな同じなんだろうけどね。中井も木村先生もそのレベルのアスリートだから。

中井　でも実は引け目はずっとあったんです。スポーツの強いところにいたことがないので。1回もいたことがないんです。

増田　だけどそれは勉強で入った学校でスポーツを目指したからしょうがないでしょう。レスリングは札幌北高でしょう。進学校だからしょうがない。柔道も北大だからしかたない。高校も大学もスポーツ推薦のない学校だから。

中井　スポーツの名門にいたことがないんです。全国トップを走ってるところにいたことがない。だけど、頭のなかでは常にトップを描いていた。ああいうふうな人間になりたいなとか、ああいう熱のあるやつになりたいとか。北大柔道部でそこを突き抜けるためにはどうしたらいいかみたいに。一方で白帯で入部してきた後輩を強くしなきゃいけないので、体力のない人をどう引き上げるかみたいなことを考えながら部生活を送らなければいけなかった。札幌北高レスリング部もそうだった。だから自分自身はトップを目指すという目標を絶対に下げずに、かつ体力のない初心者をどう引き上げていくかをずっと考えて練習してたんです。

増田　なるほど。その両方の思想を並行して持ちながら練習してきたと。

中井　はい。ずっとそういうのを考えてきてるんですよね。好むと好まざるとにかかわらず。だけどプロになったときに、まわりの人たちにその視点、つまり弱者を引き上げるという思想がまったく欠落してた。

増田　普通はそうだろうね。

中井　強くなった人たちだけでガチなボコボコにするようなことをやってたんですよ。それも自分の練習になる人だけに声かけて練習するっていう感じですよね。毎日1クラスもないとか、教えることもないとか、あり得ないでしょうって思って。一般の人が来るんだったらやっぱりきちんと教えて強くしないと、と思った。

増田　うんうん。七帝柔道の思想からするとあり得ないね。

日本柔道が世界で勝つためには

中井　いまパラエストラでやってる強い選手だけの名物練習〈昼柔術〉っていうのがありますよね。

増田　柔術版〝虎の穴〟として格闘技界で有名な練習だね。

中井　あれは自分が夜教えるから、昼にしか自分の練習ガッと詰められないから、昼に同業者、道場を持ってる同業者がみんな来て、それと練習して、知識共有してってやってただけなんです。それがみんな強くなって、いまの〈昼柔術〉になっているので、だから好きなままやっていって、非合理的なオーバーワークとも見られがちなトップ練習に成長していくってことはあるんですよ。自律的な非合理にね。

増田　あるよね。

中井　やらせてないのに非合理的なところまで選手自身が自分で自分を自律的に持っていく人間に成長していく。

増田　ブラジリアン柔術ですごい強い人とかの変遷を弱い時代から見てると「この人はかつての日本の野球フォーマットや柔道フォーマットでは強くならなかったかもしれないな」って思う選手がよくいる。かつての野球や柔道は他律的な非合理文化だったんだよね。そういう人たちが最初の白帯や青帯の段階で黒帯まで引き延ばしてもらえる楽しい環境、それが日本の高校野球や高校柔道には少なかったから。最初からポーンとトップレベルの厳しいところに放りこんで、野球なら最初から毎日何キロも長距離走させられて、何十本もダッシュさせられて、球拾いばかりして、非合理なケツバットを受けて。柔道なら乱取りに放り込まれてめちゃくちゃに投げられて抑え込まれて絞め落とされて。最初のその理不尽時代に理不尽にふるい落としてしまう。そこから這い上がってきた人しか強くなれないようにできてる。ただだんだん変わってきているからすべてがそうだとはもちろん言えないよ。少なくとも僕がやっていた頃の昔の日本の野球や柔道は、ステップアップ式にやれば強くなれたかもしれない人たちをふるい落としちゃってた。

中井　そうですね。

増田　俺は中学まで野球部、高校から柔道だったから、まさにその他律的な非合理文化のど真ん中にいた。昔は理不尽なことばかりだったから。それは現在では変わってきてるけどね。とくに小学生以下の少年柔道やリトルリーグとかは素晴らしい指導してる。でも中学以上の部活文化は変わってないところも多い。たとえば近所の中学や高校の野球部の練習をのぞくと、やっぱり俺たちの頃と同じような練習してる。球拾いやって走らされて。あれでは中学から、あるいは高校からゼロから野球はじめようと思ってもできない。最初から長距離も短距離も走るのが速くて、運動神経がよくて、理不尽にも耐えられる耐性があって、そういうやつしか入れないし残れない。ゼロの人間が上手くなるまでのステップを踏めない。

中井　野球もやっぱり変わってきてないですか。

増田　昔と比べれば合理化されたけど、それでも中学以上の部活野球部はあまり変わってない部分がある。俺はブラジリアン柔術の指導現場を見てしまったから、それと比べたらかわいそうなんだけどね。本当に野球が好きなやつも、中学1年生と2年生で理不尽な2年間を過ごすのが嫌で始めないのもいっぱいいるはず。3年生まで辿りつけない。そこはもったいない。それをブラジリアン柔術だけは違って、色帯になったころに少しずつステップアップしてフィジカルも強くなっていく。テクニックやフィジカルが強くなってから精神力をつけていく。

中井　そうですね。一番それが合理的だと思いますよ。合理的って言葉が合ってるかわからないですけど、やりたいことはどんどんやらせてやったらいいと思うんです。それに応じてまた次のこういうのもあるよ、こういうのもあるよって渡していって、技術とかも隠さず公開して、自分のところの団体でなくても全部公開してやって、結局そっちも強くなってという。敵方も強くなってもらわないと、こっちも強くならないので、僕らだけの秘密みたいなのは絶対につくらないで。たぶん僕が北海道人だからなんですけど、性格なんですね。オープンマインドなんです。北海道の人って結構適当なんですよ。あんまりこだわらないっていうか。

増田　開拓地だからね。独得の感性を持ってる。

中井　でも僕は2006年に選手としてピリオドを打ったときの雑誌インタビューで、こう言ってるはずです。「僕は自分を自分が監督してる感じでやっていたので、限界があったかもしれない」って。やっぱり現役を下りたあとはすごいクリアに見えたんですよ。自分が自分を指導するようなやり方では限界があったんですね。

増田　やっぱり木村政彦を鍛えた牛島辰熊が必要だったと。牛島塾（牛島辰熊が自宅横に作った柔道・剣道の有為な青年を鍛えた私塾）がね。

中井　はい。やっぱりだめなんですよね。

増田　五輪王者や世界王者を量産した正気塾《せいき》（東京五輪中量級金メダリストで、80キロの小さな体で体重無差別の全日本選手権2度優勝の伝説的柔道家・岡野功が主宰した柔道私塾。岡野は牛島塾を雛形にしてこれを設立し、人間の限界まで練習を追い込んだ）も。

中井　そう。だから佐山（聡）さんとは良かったと思うんです。いたときは。だって僕は体罰を望んだんですから。これも僕は言ったことあるんですけど、体罰一元悪論はちょっと僕はあんまりよくわかってなくて。体罰を肯定してるわけじゃないんですけど、僕は体罰をしたことがないし、しないんですけど、でも「望んできた場合はどうするんだ？」っていうのはずっと思ってて。僕はそれをお願いしたし。だってそれがないと強くならないと思ってたんで。みんな殴られながら強くなったって言うから、俺は殴られたことがないし、親父に叩かれたこともないぐらいで、どうしたらいいんだって。だったら「殴ってください」としか言いようがないじゃないですか。でも佐山先生も疲れているので、やっと最後の最後で合宿でやってくれたんですけど。ただ、僕はしてないですけどね。２００６年の段階ではわからなかったですけど、２０１３年のムンジアル（世界柔術選手権）で佐々幸範（中井の直弟子）が世界3位になり、２０１５年のムンジアルで湯浅麗歌子《りかこ》（佐々の直弟子で中井の孫弟子にあたる）が優勝するっていうことは、やっぱり起きるんだなと思って。言ってみれば精神的な牛島辰熊と木村政彦みたいな感じなんですよ。佐々と湯浅とかも。ずっと練習してるんですよ。

増田　中井と佐々選手はそういう関係ではない？

中井　佐々は途中までそうだったですね。僕はここからはもう好きにやってほしいと思ったんですよ。やっぱりあんまり僕の言うことに影響を受けてほしくないと。

増田 なるほど。

中井 佐々に関しては途中からは放任になりましたね。僕の言うことに影響を受けすぎて袋小路に入ってるような感じだったんですよ。僕はそこから意図的に言うのをパッとやめた。そしたら自分で配分を見つけてやるようになった。毎年世界選手権に出るっていうのも僕の文化なんですよ。でも僕が放任してから3年ぐらい佐々は出なかった。普通スポーツ界で3年休んだら浦島太郎ですよ。普通は戻ってこれないです。そしたらメダルを獲った。

増田 そうだったんだ。裏側では師匠の中井とそういうことがあった。

中井 本人は毎年出られるようなやつじゃないんですよ。若いときから気まぐれで、ポッと出てたりするんですよ。だからよく考えたら佐々はそうだったよなと思って、あんまり「出ろ、出ろ」とか言っても出ないタイプだったよなと思って。よく考えたらあんまり試合するやつじゃなかった。黒帯になってから毎年世界選手権に出ろと言ってたのが、あいつのペース乱してたんだろうなって、それに気づかなかったんですよ。でも僕は黒帯になると毎年行くものだと思ってたから。それは僕自身のペースであって佐々とは違った。

増田 中井も弟子を持つことでそうやって考え方が成長し続けてるんだ。

中井 本人もメダル獲ったあと自分で言ってましたね。「以前はいい試合をしようと思ってた」って。だけどいい試合じゃなくて、勝つ試合を選んだら、体重をちゃんと落として完全に勝つ試合をやったら、ダブルガード（両者が寝技に引き込んで2人共に下になって柔道の胴がらみの体勢になろうとすること）も辞さない。結局そういう感じじゃないと勝つのは無理なんですよ、絶対に。柔道でいえば「日本の柔道は一本をとる柔道です」とかじゃなくて、一本とる柔道は自分の柔道ですが、ポイントの細かい争いになったときも絶対に競り勝てるようにしてるみたいな。

増田　石井慧（北京五輪100キロ超級金メダリスト。現総合格闘家）の柔道時代の戦い方と同じだね。

中井　そう。戦術を練って勝利を目指す。

中井流指導法の確立

増田　佐々幸範選手と青木真也選手はまた指導法は違ったの？

中井　全然違いますね。1人1人全部違います。

増田　青木選手も中井の愛弟子の1人。PRIDEやRIZINでも戦ってるいま日本で一番有名な総合格闘家の1人。彼なんかはすごく気持ちが強くて自分を持ってるから、扱いにくいっていうことを他の指導者からよく聞くんだけど、中井はそれをよくコントロールできたね。どうやって教えたの？

中井　やりたいようにやるしかないですよね。僕は実はいま言った人たちはみんな強くなると思ってなかったんで。

増田　青木選手も佐々選手も強くなるとは思ってなかった？

中井　はい。まったく読めないんですよ。全然。青木はそもそもやると思ってなかったんで。

増田　青木選手が最初に中井のところに来たのは。

中井　柔道選手のまま柔術で。

増田　早稲田大学の柔道部を辞めてから？

中井　実はよく知らないんですよ。私生活のことをあんまりよく知らないので。

増田　急にパラエストラに来たの？

中井　いえ。柔術の団体戦の大会をやってたので、それに出てきたんですよ。柔道チームみたいなやつが。総合格闘技のチームだったかな。総合格闘技とかにも出入りしてたので、その流れで出てきたんですよ。そしたらえらく強くて「練習行っていいですか」って僕に言ってパラエストラ来だして。それから「所属にしたいんですけど」って来て、それで修斗デビューしたんですが、警察官になるっていうので、それはよかったと僕は言って。警察官になれば安定しますからね。でもまわりは全員辞めると思ってたらしいんですよ、僕以外はみんな。

増田　静岡県警を？

中井　はい。青木が絶対に続くわけないって、格闘技に戻ってくるに決まってるってみんな言ってたんです。僕は「就職してよかった」と思ってた。だから僕はまったく見えてないんですよ。弟子たちの私生活とか知らないし、究極何の仕事をしてるか知らないことも結構あるんですよ。

増田　おそらくファンはみんな常に一緒にいる師弟だと思ってるけれども、実は練習はそれぞれのスタイルに任せ、私生活も自由に泳がせている。それが中井が弟子を育てるときのスタイル。

中井　はい。青木とかと飯食ったこと1回もないですし。控え室の弁当を食べてるときに一緒になったぐらいですね。

増田　なるほど。そういう中井スタイルの教え方のなかで青木真也や北岡悟、佐々幸範、上田将勝みたいな化け物が育ったんだ。伸び伸びとやらせる。でもここも読者が誤解すると思うので言っておくと、僕はそういう弟子たちに会ってわかるけど、弟子たちはもうこれ以上ないくらい中井先生のことを尊敬してる。普段はライオンかトラみたいな猛獣のような性格の青木真也でも、中井の前では猫みたいに大人しくなる。不思議な関係だよ。一昔前の格闘技や武道の先生って、いかにも怖そうだったじゃない。でも中井は見た目は仏で言葉も仏、それでも強い者同士、怖さがわかるんだろうね。だから強い弟子たちが中井のために頑張る。尽くす。

中井　よくよく考えると青木みたいなのはよく柔道界にいたなっていう話で、そりゃ無理でしょうって。だってあんなラディカルなことができる人間は柔道にはいられないですよね。だったらこっちに来たなら、やっぱり伸び伸びやらせたいですよね。

増田　青木選手っていうのは地上波で放送中の試合で相手の腕を腕緘み（キムラロック）で折ったりとか、非常にアグレッシブな選手だよね。中井はラディカルという言葉を使ったけれどもアグレッシブでラディカル。プロ修斗でも脇固めで折ってたし。

中井　それはだから相手が「参った」しないから折っちゃうので、しょうがないんですよ。折るのが悪いわけでも何でもなくて、ギブアップすれば終わる、あるいはタオルを投げれば終わるわけで。止めさせることはできるんですよ、いくらでも。でも本人が「参った」しないんだったら折るしかないんですよ。相手が「参った」しなかったら気持ちごと折るしかないよって言ったのは僕ですからね。オランダ選手とかもすごい気持ちが強いんですよ。「参った」は絶対しないので、気持ちごと折らないと絶対無理なんです。ギブアップ絶対にしないから。

増田　北大柔道部の佐々木コーチもよく言ってるよ。「俺は試合では折るつもりでかけろっていつも学生に指導してる」って。折るつもりがないと試合では極《き》まらないから。絶対に逃げられる。相手も必死だから。俺も学生時代は脇固めなんかで何本も折ってきた。

中井　でも一般社会はもういまはひ弱で、「折れ」とかそういうワードが出ると、すぐにバッシングの対象になるんですよね。

増田　青木選手が地上波放送中に相手の腕を折ったとき、マスコミで俺ひとりが青木を擁護したら、俺までバッシングされたから。「増田は酷いことを言う」って。だけどしょうがないんだ。そういうルールのスポーツなんでね。出自自体がもう折るための技術だから。

中井　はい。そこから発達したスポーツですから。

増田　温厚そうに見える中井の口から「折るしかない」という言葉が出ると驚く読者もいる

だろうけど、七帝柔道の世界で育ってきたし、あの世界でも中井の精神力は図抜けてるから。中井はこの温厚さの裏にものすごく強いものを持ってるから。ＶＴＪ95であれだけの死闘をした男だから。失明しても「参った」せずに戦い続けた男だから。牛島辰熊先生や木村政彦先生と同じ精神力の化け物なんだよな。

非合理的な練習から生まれる本当の力

増田　これからリオ五輪が始まるし、さらに２０２０年には東京五輪の開催も待ってる。いろんなスポーツでやはりそういう非合理的な超人的な練習は必要なのか。そこを中井に聞いてみたい。練習量を非合理的なところまで増やす、牛島辰熊先生や木村政彦先生、岡野功先生といったところまで的なものは、いまの日本のスポーツ界は目指すべきところなのか、排除するべきところなのか。他のスポーツ、五輪スポーツ、球技も含めて。昔だと女子バレーボール監督だった大松博文さんみたいに〝東洋の魔女〟を作るような練習。

中井　必要ならば認めてあげればいいんですね。

増田　やるべきだと？

中井　いや、必要ならば、本人がやりたいと言ってるなら認めてあげればいいっていうことです。

増田　さっき中井が言ったように、自分で自分を監督してたらそこまで追い込めないっていうところも？

中井　そうですね。そこまで練り込まないと通じないんじゃないですかね。佐々幸範と湯浅麗歌子を見てたら、「ああ、木村政彦的なことっていまも全然あるんだな」と思って。左手も使えるように左手で箸を持つって話はプロ野球の一流選手なんかのエピソードでときどき聞きましたけど、佐々は足で飯食ったって言ってましたよ。足を使えるようにしたかったみたいですけど、さすがにそれはつらかったたって言ってた（笑）。当たり前だろと（笑）。佐々の弟子の湯浅麗歌子も優勝しましたが、あの師弟はとにかく常識破りですよ。朝から夜まで1日に何回も何回も練習して、休みゼロ日ですから。

増田　1日何回も練習するの？　合宿じゃなくて毎日の普段の練習で？

中井　はい。休みゼロ。1年間休みゼロ。ふつうは休むのが当たり前ですけどね。だって箸は毎日使うでしょうという理屈なんですね。休みゼロですからね。

増田　凄絶な話だな……ありえない。それは自分でやってるの？

中井　はい。もうありえないですもん。

増田　女子の湯浅麗歌子選手にもその精神を。

中井　そう。それで完全にすべてマンツーマンですから。2人だけでしかやらないです。それもあり得ないです。もう格闘技界の常識じゃないです。スポーツ界全体でもいないでしょう。名監督、女性のメディカルコーチはいますけどね。いるけど、本人が1人とスパーリングしてるわけじゃないんですよ。だから絶対ないですよ。これは。

増田　スパーリングはずっとガチ？　本気なの？

中井　はい。ずっと一緒なんですよ。それもあり得ないし、休みなしもあり得ないし、朝から晩まで1日何度もやる練習もあり得ないし、究極は湯浅の試合中に佐々が会場にいないっていうことです。ムンジアル（世界柔術選手権）で黒帯世界タイトルを獲ったときも佐々が会場にいないんですよ。

増田　なんでいないの？

中井　佐々は出不精なんですよ。もとからあんまり行かないんです。そこまでしたら普通はみんなアメリカまで行きたいんですよ。リングサイドにいたら世の中に出るから名伯楽とかになるわけじゃないですか。そういったことから全部無縁ですからね。出不精とかは半分冗談ですけど、でもやっぱりそこまで来たら本人にやらせとけっていうことだと思うんですよ。すごいなと思って。こんな話聞いたことがないし、現代スポーツ界とは全部真逆ですよね。

増田　全部逆を行ってるんですけど、でも本人が望んで、弟子もそれを望んでいる。

増田　そういえば木村政彦先生も拓大柔道部監督のとき、弟子たちの試合会場で隠れて見てたらしいからね。絶対に自分が表に出なかった。

中井　ああ、そうでしたね。

増田　牛島辰熊先生もそんな感じだった。やっぱり極限まで鍛えると「あとは1人でやれ」となるんだろうね。木村先生のお弟子さんに聞くと「試合の前はすべて準備されている状態。もう終わっている状態。練習がすべてで、試合本番はその結果が出るだけだという考え方でした」と仰ってたから、それと同じなんだろうね。

中井　まったくそうですね。

増田　オーバーワークっていうことに関しては、オーバーワークを超える理論っていうのはやっぱりあるのかな。

中井　いや、休むのが普通だとは思います。僕はスポーツ科学的には間違ってると思います。

増田　ただ常識的なことをやってては世界トップにはなれないから。

中井　スポーツ科学的には間違ってると思いますし、もしかしたらそんなことをしてたら数年で死んじゃうのかもしれないです。だけど本人が「やる」って言うんです。そこだと思うんですよね。だから佐々や湯浅が結果出したときは、好きなことをやらしたらついにここまで来たかと思った。

増田　なるほど。

中井　僕はパラエストラを設立した当初に佐山（聡）さんのやり方、指導法をやったことがあるんですよ。プロクラスつくろうと思って、プロ選手が育ってきたときに集めてガンガンやった。そしたら毎週半分ずつ減っていって、すぐにいなくなっちゃったんですよ。そのクラスができなくなっちゃったんですね。それで「ああ、これはだめだ」と僕は思ってたんです。あのとき僕、ちょっと気持ちが折れましたね。もうプロもしごくっていう時代じゃないんだと思って。

増田　中井はやっぱり自分がきつい練習を望んで「やってください」とまでお願いしてた男だったから。同じだけのものを求めちゃうけど……。

中井　だめだと思って、あのときに僕は鬼コーチになるのはやめましたね。だからかなり早いですよ。
増田　へえ、これは初めて聞くエピソードだ。弟子たちにいま聞くと「中井先生は絶対に怒らない」「優しい」ってみんな言うけど、最初はそういうことをやってたんだ。
中井　めちゃくちゃ怒ってますよ。
増田　それは最初の1年ぐらい？　半年？
中井　はい。最初の1、2年だと思いますね。見事に誰も来なくなったんで。
増田　1人も中井について来れなかった。すごい話だな……。
中井　だからこれはだめだと思って。プロ選手でもだめだった。
増田　このエピソード、格闘技専門誌にも話してないよね。俺、読んだことないから。
中井　結構言ってるんですけど、活字になってない。
増田　さすがに凄すぎて格闘技専門誌でも載せられなかった……。
中井　そうかもしれない。
増田　中井の怖い部分、凄みの部分だよね。ヒクソンvs船木誠勝戦のときのテレビアナが、ヒクソンが凄まじい形相でマウントパンチを打ち始めたときに「怖いヒクソンが出てきた！今日は怖いヒクソンが出てきた！」って絶叫したけど、ほんと中井祐樹の怖い部分だよな。
中井　あの時点で僕は半分見限ってるんですよ。いまのプロってこんなもんなんだと思って。やらせたらだめなんだと。だから好きにやらせてそれを認めてあげるほうに行くしかないなと思って。そこからですよね。

増田　結局求めるところはチャンピオン。その道程がどうであろうと、いまの子たちに合ったやり方で登らせる。

中井　はい。

増田　なるほどね……。

中井　あとはまとめなくなったですね。総合格闘技の選手指導でいえば、打投極（「だとうきょく」と読む。打撃技・投技・寝技を万遍なく使える選手を理想として佐山聡が修斗で提唱した考え方）をみんなきっちりやってたんですよ。パンチもできなきゃいけない、蹴りもできなきゃいけない。寝技もできなきゃいけない。そういう考え方。いまは回り回ってまた流れがそっちに向かっているんですけど、でも僕は完成された洗練みたいなものはあんまり求めない。たとえば伝統空手やってきたベースがありますと。そうしたら「そのやり方は変えなくていいよ。ただし他のことにちゃんと対処できるようにしないといけないよ」みたいな感じで、あるものはあまりいじらないようにして「でも違うやり方もあるよ」と、断定することをしなくなったんですよ、ジム起ち上げのときにプロクラスで厳しくやってみんな逃げちゃってから。あのとき僕は気持ちが折れちゃったんですよね。

増田　自分の気持ちは折れてないけど、人に気持ちが折れてるんだよな。

中井　そう。だから人にはやらせてもしょうがないと思ってる。

増田　自分と同じものをやっぱり期待してしまうからね。木村政彦先生もそうだし、中井祐樹もそうだし、王貞治さんとかプロ野球の選手なんかもそうだけど、昔のスポーツの超一流選手だった人の練習内容、とんでもないからね。レベルを下げてごく身近な話をすると、東大に行った人がよく「中学時代と高校時代に毎日10時間、これだけの参考書をやれば入れますよ」って言う。確かにこなせば入れるんだろうけど、誰もができない。そこがこなした人から見ると……。とくにスポーツの世界はそんなものじゃないから。超人的な努力をしてる人たちがトップで鎬《しのぎ》を削ってる。

中井　どの世界でも同じなんです。だからいまはプロ練みたいなこととか一切やってない。プロだけ集めてやる練習はあれ以来ずっとやってない。

「したい」ではなく「絶対にやる」という信念

増田　他の競技の指導者たち、現役選手たちにアドバイスするとしたらどう？　平成も28年になるから平成生まれの選手ばかりになる。そこに対して昭和生まれのこういうＶＴＪ95みたいな凄絶な試合を戦った中井からどんなアドバイスをしたい？　中井自身が佐山先生に「殴ってください」って言ったタイプでしょう。たとえばキックボクシングでいったら藤原敏男先生とか黒崎健時先生とか藤平昭雄先生（3人共に日本のキック界草創期の伝説の男。みな非合理的なオーバーワークを是とした）とか、そういう時代の流れの最後の世代でしょう。そういった時代に非合理の中から合理を生み出してきた人間が、いまの若い選手たちに合った指導法、他のスポーツにも広げて話してくれるかな。非合理と合理の両方を融合させる方法。思考法。努力のやり方。スポーツだけじゃなくて、ビジネスとか学問とか、学校教育にも関わると思うけど。

中井　これだけははっきり言えますけど、自分の力が及ばない本当の原因があるとしたら、やっぱり自分が描けてないんですよ、そこに行く姿を。

増田　それはよく言うよね、中井は。いろんなところで発言してるけど。

中井　はい。「UFCチャンピオンになります」って言っても絶対になれないです。絶対無理です。「UFC出たいです」、出れないです。絶対無理です。20回ぐらい防衛して、アメリカで大スターになって、アメリカの舗道に手形を残すスーパースターになってる自分を描くぐらいの突き抜けた練習量、突き抜けた非合理的な努力をしないと絶対に無理です。

増田　「なりたい」じゃだめだ。

中井　絶対そうです。間違いないです。

増田　それは俺も中井からすごく学ばせてもらっている。そんなの当然だと思わなきゃだめだという。中井は後輩だけどね、俺より百万倍くらい凄いことをずっとやり遂げてきてる男だから。どうやったらそれを成し遂げられるのか、ずっと中井の努力や言動を学ばせてもらっている。小菅正夫さん（旭山動物園元園長。増田と中井の北大柔道部の先輩にあたる）も中井と同じこと言うんだ。小菅さんが園長になったばかりの頃、小菅さんが「旭山動物園を入場者数日本一にする。世界中から注目される動物園にする」と言ってて、俺、いま思うと恥ずかしいかぎりだけど、「そんなの無理に決まってる」って心のなかで思ってしまった。

ほんと恥ずかしい。だって廃園の危機にあったんだから、無理だと思って当然なんだけど、小菅さんは「したい」じゃなくて「絶対にする」という信念を持ってた。

中井　そうなんですか。やっぱり同じなんだ……。そこには同じ七帝柔道というベースがあるかもしれませんね。

増田　あると思う。井上靖さん（作家。旧制四高時代に七帝柔道の前身である高専柔道を経験。自伝的小説『北の海』にその世界を描いた）が七帝柔道と高専柔道を〈練習量がすべてを決定する柔道〉って言ってるけど、努力の凄みというのを七帝柔道出身者は知ってるんだよ。

中井　はい。

増田　ほんとに小菅さんも中井と同じことを言う。たまたまこの間イチローの本を読んでたら同じこと言ってたね。

中井　そうなんですか。

増田　うん。イチローが大リーグに行くときに「向こうで通用するわけがない」とかさんざん日本のマスコミにもアメリカのマスコミにも叩かれたらしいんだけど、彼はそのときは黙ってたけど、結果出してから「いや、通用するとかそんなレベルでは考えていなかった。通用なんてあたりまえ。首位打者もあたりまえ。大リーグの歴代記録をすべて塗り替える確信を持ってアメリカへ行った」と。「僕は全然もっと上の上のことを考えてました」っていうことを言ってた。中井と同じことを言ってるなと思ったけど。突き抜ける力っていうのはそれぐらい強いイメージを持たないといけないっていうことかな？

中井　はい。そのイメージ、それこそが非合理なんですよ。イメージしないと自分の姿が思い描けない。非合理に走るか走らないかはそこなんですよね。イメージ自体が非合理なくらい高いレベルにないとだめ。非合理があたりまえになってるっていうことが重要で、「殴ってください」っていう選手はいまどきはいないと思うんですけど、それぐらいのことを自分から言い出すぐらいは「ほほう」と言ってあげないと。指導者はね。

増田　ビジネス界の巨人たちも同じことを仰ってるよね。本田宗一郎さん（本田技研工業を町工場から世界のホンダに育て上げた伝説の創業者）とか。

中井　はい。

増田　どんな世界でも同じなんだね。格闘技界で快挙を成し遂げた中井、動物園で奇跡を起こした小菅さん、ビジネス界の巨人である本田さん、みんな同じことを言うのは面白い。今回のこの本の肝は、その部分じゃないのかと思う。どの仕事も同じ考え方で突破できるんじゃないかという。だから中井の話は格闘技の話じゃなくて、物事の成し遂げかたの話なんだよな。球技や陸上や体操なんかもすべて含めて五輪を目指しているスポーツ選手たちの参考に、格闘技が強くなるためにどんな考えで練習にあたったらいいのか、中井の言葉でアドバイスしてくれるかな。

中井　いまはノウハウとかはすごくあるし、強くなるドリルとかやり方とかはいっぱいあるので、選手は迷っちゃうと思うんですよ。だけど全部必要なんです、はっきり言って。たとえば僕は柔道の選手に「週何回レスリングやってます？」とかいう質問をよくするんですよね。そうすると、向こうは「え？　意味わからないです」って答える。それじゃだめなんです。僕の質問の意図は、柔道の試合で勝ちたいなら、どうしてあらゆる努力をしないんですかっていうこと。できることはすべてやらないとトップには到達できない。柔道家もレスリングをやるべきなんです。どうしてレスリングの練習とかをドリルとして入れてないんですかっていうこと。

増田　なるほど。

中井　柔道家の寝技練習はみんな寝たところから始める。それじゃ駄目ですよって。「立って逃げたらだめ」とか、そんなことを言う。でも柔道家はブラジリアン柔術家がやってるような本物の寝技、緻密な寝技の練習をしない。「柔道家には投技があるから相手が寝技にきたら立って逃げればいい」って。だったら普段の練習でも相手が寝技にきたときに立って逃げる練習もしないと。それを寝技だけの局面で練習してるようじゃだめです。試合中に立って逃げたいのに、どうして練習で立って逃げることをやらないんですかっていうこと。練習でやらないことが、試合でできるわけがない。それではだめです。

増田　立ち方っていうことでいうと、俺がブラジリアン柔術を習いだして最初に驚いたのは、寝た状態から立つ方法をいろいろバリエーションで教えられるんだよね。〈柔術立ち〉っていうんだけど、手の位置、足の位置まで決めて。そんなことを技術として洗練しようとした格闘技っていままでなかった。いろいろ試行錯誤して研究していかないと、どんな技術も発達していかないからね。柔道家で寝技から立つのが上手い人はいるけど、それは敏捷性とか運動能力とかパワーに裏打ちされたもので、技術じゃない。だから弟子に受け継がれてさらに技術的に磨かれていくっていうのがない。柔道は投技に関してはものすごく進んでいるので、その考え方を寝技にもってきたらすごいことになると思うんだけども。

中井　僕は寝技の不得手な柔道家に柔道の試合で勝つ方法を教えるとしたら、完全に柔道の試合のとおりに寝技乱取りさせますね。

増田　寝技戦をやりながら立つ方法まで。

中井　はい。たとえばブレイク役を付けて、寝技戦を続けたら何秒かで待てをかけて、それを言われるまでは攻め続けるし、立ちたい者には技術で立てるように繰り返し教える。そういうふうにすると思いますね。だけど実際は難しいと思うんですよ。みんながいっぺんに乱取りするから。たぶん1人2人のブレイク役ではさばけないし、無理だと思うんです。だからそこはもう意識しかないですよね。それを練習で思考、つまり意識改革で埋めるんですよ。

増田　なるほどね。

「下になったほうが美味しいじゃん」

中井　柔術の寝技技術を柔道家に教えると、よく「このシチュエーションにならないんですけど」って言ってくる。でも「ならないのは知ってますよ」って僕は言う。「だけどね、これをきっちりできるようになれば自分が下になっても負けないんだ、下になっても勝てるんだっていう思考に変えていく第一歩にはなるよ」と。だって柔術家なんて寝技技術がどんどん進んで「下のほうが有利なんじゃないか」って、そこまで思考がいっちゃってる。そういった思考レベルにまで柔道の選手はなっていない。

増田　その思考レベルまで高めろということだね。練習で。柔道家は寝技で下になるのを嫌がるからね。すぐに下から相手に抱きついて脚搦《がら》みして、膠着の「待て」がかかるのを待ってる。あるいは下を向いてカメになって膠着の「待て」がかかるのを待ってる。どちらかだからね。主審が「待て」で寝技戦の泥沼から助けてくれるから。「また立技からリスタートするからいいや」って。練習の寝技乱取りでもそれをやってると、いつまでたっても本格的な寝技技術が身に付かないと。

中井　はい。そうなんです。その思考をぐるりと一回転させて引っ繰り返さないと。思考をね。「下になったほうが美味しいじゃん」くらいまでなってもらわないと。その思考転換はできるんです。ブラジリアン柔術の寝技技術を練習すれば。

増田　そうだよね。俺も七帝柔道出身で柔道のなかでは寝技が多い練習をしてきたけど、柔術家とスパーすると、すぐ脚を搦《から》むかカメになってしまう。癖になってる。

中井　でしょう。でも柔術の人たちはみんな「俺、下になったほうが美味しいよ」とか「下の方が有利だよ」とか、そういう思考になってる。柔道家も柔術の寝技技術を取り入れた練習を本気でやっていけばそういう思考になってくるので「こっちから寝技に引き込んで自分が下になっても負けねえんだ」とか「投げられても負けない」っていう思考にまで転換していく。だんだんグラウンド（寝技）が好きになって下になることも厭わなくなって、それで強くなっちゃうんだよと。

増田 うんうん。

中井 でも柔道家はみんな、下になったらカメしかしないし、それでは寝技がうまくなる機会がないじゃないですか。下の人間はカメになるか二重搦みしてる、上の人間はカメ取りか足抜きしか練習してない。この2つのパターンだけで、本当の寝技の練習になってないもん。だからクローズガード（胴がらみの体勢をブラジリアン柔術ではこう呼ぶ）から始める日があってもいいと思うし、寝技への引き込みありの日があってもいいんじゃないかと（柔道では七帝柔道を除き、投技をかけないでいきなり自分から尻餅をつくように寝技に誘うと反則になる。これを「引き込み」と呼ぶ）。グラウンドに持ち込む手段を学べば、たとえば自分が下になる危険性がある巴投げとか隅返しとか、そういう投げ技を積極的にかけられるようになる。

増田 なるほど。

中井 そういう練習続けてれば必ず自分が下の体勢になってもしつこいやつが育ってくるから、1学年に1人か2人。僕より先に日大にコーチに行った青木真也が「日大をどうやって教えたらいいですかね」とかって聞いてきたときに「学年に1人か2人、粘っこい寝技師が出てくれば御の字でしょ」と。そしてそいつを軸に周りが学んでいく。それでいいと思う。突出したやつをつくればいいんです。

増田　組織ってそういうものだよね。

中井　そう。突出するやつができればいいんですよね。そうしたらまわりが引っ張られる。

増田　うんうん。

中井　あと、パラエストラのやつがギロチンチョークに苦しんだことがあったんです。みんな試合で取られちゃって。「えっ、ここで仕掛けてくるのか？」ってびっくりするようなシチュエーションで取られ続けたことがあった。ギロチン対策が伝統的に弱かったのかもしれない。それで困ったなっていうことで、ギロチンが得意なやつを褒めそやしてやってたら、いつの間にかギロチン王国になったんです。追いつくんですよね、そういうことをやっていくと、全部越せるんですよ。他にたとえばグレイシー一族の技術にどうしても敵わない時期が長かった。それを越えるために徹底的にグレイシーの技術をパラエストラ内でやっていった。グレイシーの技術をやって、やって、やって、やって、やって、とにかくやりまくった。そうしたらグレイシー以外の、つまりグレイシーの技術体系から少し外れたストロングポイントがあるやつが抜け出たんですよ。そうするとそいつを軸にまわりが学んでどんどん上がっていった。そうやっていろんなものを越えていった。だからグレイシーはすごい好きですよ。好きだけど……。

増田　中井はよく逆説的な言葉を使うよね。「グレイシーに僕は敬意を持ってない」みたいな言い方をする、逆説で。

中井　すごい好きですよ。敬意を持ってるんですよ。だけど、僕は崇めてはいない。ワン・

オブ・ゼムだと。素晴らしいものの1つ。

増田　当然越えるべき存在だと。

中井　そのとおり。だから他の選手みんな、ブラジルに勝てないじゃないですか。理由は簡単です。「ブラジルに勝てない」と思ってるからですよ。

増田　それはあらゆるスポーツでそうだよね。ビジネスでもなんでもそう。

中井　勝てないと思ってるんですよ。ブラジリアン柔術のチャンピオンたちに勝てるわけがないと思ってる。それでは勝てない。

増田　それは今日何度も中井が言ってることだね。意識。

中井　はい。だから逆に日系ブラジル人とか、やっぱり「ブラジルのものだから」っていう意識が先にあるから日本で最近すごい強いんです。この間は中3なのにもう青帯のチャンピオンになっちゃった選手も出た。すごいんですよ。聞けば道場で黒帯より強いんですって。

キッズ選手たちをどうやって伸ばすか

増田　日本の親たちはいま、ゴルフ、テニス、野球、サッカー、柔道、そういったメジャースポーツの英才教育を小学校時代から始めさせてるところがあるんだけど、青木真也選手とか佐々幸範選手とかいろんな弟子たちに自発的にやる気を出させた中井の発想から、お母さんとかお父さんたちに、あるいは部下を育ててる上司たち、あるいは塾の先生たちにアドバイスするとしたら、どんな感じなの？

中井　思う姿に持っていこうとして苦しんでる人のほうが多いんじゃないでしょうか。やりたいことをやらせてあげたらいいと思うんです。もっと言うと、やっぱり柔道だったら柔道だけじゃなくてそれと同時にたとえば走ることだったり、絵を描くことだったり、そういうのもやった方がいいと思うんですよ。一生に1個じゃなくて、2個とか3個とかあったほうが絶対にいいと思うんですよね。そして自分の考えで遊ぶことをいっぱいさせないと、とは思いますよね。いまの日本の子供たちは上からの縛りが強すぎて、そのぶん燃え尽きる子も多いように見えますね。

増田　若くして。

中井　はい。特にオリンピックスポーツのキッズは燃え尽きてる子とか結構聞きますよね。

増田　それも小中学校で燃え尽きちゃう。

中井　ええ。「勝つことイコール正しい」みたいな感じになっちゃう。それはキッズには絶対にさせたくないです。

増田　なるほど。中井が格闘技を教えてるキッズ、彼らにもゆるい感じで指導してるの？

中井　はい。格闘技も大人になってもまたできるので、何かやんごとなき事情でやめても、また戻ってきますっていう感じのものにしてます。ジムなんてやめてもいいんですよ。自分のところにいて、他のところに行ったとしてもいいんですよ。それでいいと思わないとだめなんですよ。それでも続けていってくれたほうがいいので。そのためには夢を見させるものが必要だとは思う。

増田　その夢っていうのは？

中井　「こうなりたいな」と思う人がいるべきですよね。日本人じゃなくて海外選手でもいいと思う。そういうのを僕らは見せないといけないです。格闘技だったら別にテレビのスーパーヒーローでもいいんですよ。でもできたらそういう選手を出せるようにしなきゃいけないですよね、格闘技界はまた。日本人のなかにそういう選手をどんどん出していかないと、キッズたちが続いていけない。

増田　うんうん。

中井　僕って何年間で結果を出すってやったことがないんです。「3年間でチャンピオンにしてみせます」とか、そういう話ってしたことないんですよね。そもそもそういうものじゃないと思ってるので。中学とか高校の3年間のうちで結果を出すために、ガーッとやらせる先生がいて、結果が出るからその人がカリスマになって、多少の問題があってもみたいな感じだと思うんですよね。構造的な問題。3年間の高校チャンピオンっていうのは次へのパスポートになるからだとは思うんですけど、でも人が上手くなるってそういうことじゃないですよね。何年間で結果が出るっていうものじゃないですよ。そういう意味ではオリンピックとか厳しいですけど、でも本当に本質的なことを考えたら、そういうものじゃない。その人の完成が4年間じゃなきゃいけないっていうわけじゃない。オリンピックに選ばれなかった超強豪もいるわけで、そういう人たちの落としどころは本当に着々やってきた技の鍛錬だったりするわけです。

増田　「超二流と呼ばれた柔道家」（『ＶＴＪ前夜の中井祐樹』収録作品）の堀越英範《ほりこしひでのり》さんとか。

中井　はい。ああいった方々は己の完成だけが目標だったわけで、そういうのも称賛しなきゃいけないですよね。五輪に行けなかったことで敗者になっちゃうわけですけど称賛しなきゃいけない。それはうちのような町道場だとできるんですよね。何年かで成果を出さなきゃいけない式の指導じゃないことができる。そこはでかいですよね。僕からすると。

増田　牛島辰熊先生は木村政彦が拓大予科に入学してきたときに、最初に乱取りで潰して、「おまえは絶対おれに勝てない」っていうことを体で覚え込ませた。師匠として師弟関係のかっちりした関係を築いたうえで指導を始めた。いま中井が言った「やりたいことをやらせてあげる、どんどん会話をする」っていう、今風《いまふう》といったら変だけど、その人の個性を伸ばしてあげる教え方のなかにも、やっぱり師弟関係のなかで「俺はどうやっても中井先生には敵わないんだ」っていうことは必要なんだろうか。

中井　思わせたくはないです。僕はあんまり思わせたくはないですね。

増田　たとえば青木選手は現役だし、中井は引退してるから、弟子のほうが強くなっていくに決まっているんだけど、そうではなくて人間性に屈服してる感じなのかな。青木真也なんかはもう他のことはぼろくそ言うじゃない。あらゆることをぼろくそに言うんだけども、格闘技関係者に聞くと、さっきも言ったけど中井先生の前ではライオンが猫になってると。何かを植え付けてるのかな、中井は。

中井　いやいやいや、植え付けてないですよ。

増田　本当に認めてくれるのはこの人だけだって思ってるのかな。そういう感じがするな。いままで自分ははみ出し者で、いろんなところで気持ちが強すぎたり、繊細すぎたり、行きすぎたりするところがあって、「あいつは強いけどだめだ」と決めつけられるところがあったんじゃないかな。でも中井先生だけは何をしても認めてくれる。そこなのかもしれない。

中井　……。

増田　そういうことを俺が言葉にして本人に聞いたりしたら彼は怒るからね。だからそんなことは会話ではできないけど、別のいろんな会話しててそんな気がするな。俺が1回DEP（新宿にある格闘技ジム。青木はときどきここで練習していた）のジムを訪ねたんだよ。そしたら「増田さん」て言って飛び出して来て、「中井先生が肩が痛いって言ってるんですけど、どうしたらいいですか。心配なんです」とずっと喋ってる。「おまえの話をしにきたのになんで中井の怪我の話ばっかりするんだよ」って俺は笑ってるんだけど、ずっと中井の話をしてる。

中井　そうなんですか……。

増田　うん。「中井先生も歳になってきて古傷が大変なんです。どうしていいか僕わからなくて」とか、ずっと訴えてくる。普段はそんな話をするような人間じゃない。雑誌が取材に来ても「帰れ！」みたいなところがあるのに、中井先生のことになると優しい青年の部分が出てくる。おそらくそれは押さえつけないからだと思う。自発的に生まれてくるもの。中井が彼のなかに隠れている繊細なところも汲んであげてるのかなって。いままでは周りは青木君にてこずって「扱いにくい」ってずっと言われてきたなかで、本質的な優しさとかそういうところを認めてくれてる唯一の師匠に初めて会ったんじゃないかな。

指導者は何かを追いかけないとだめ

増田　青木選手は中井の弟子のなかで一番強くて有名な選手なんだけど、中井より年上の社会的地位もある年配のジム生とか、逆にすごく弱い若いジム生とか、そういう人も中井の魅力に参ってしまってる。いろんな話が聞こえてくる。中井の悪口って聞いたことがない。

中井　ありがとうございます。

増田　力ではなく心で指導してるからだろうね。人間力でね。人間力で引っ張っていくっていう。どんなに強かった選手でも体は衰えるから、40歳とか45歳になって五輪代表の現役選手にバリバリの稽古をつけることはできなくなる。でもきっとそこから人間力で指導していく。中井は若いときから人間ができてるから20代からそれをやってる。人の可能性って押さえつけとか命令では出ないんじゃないかな。なんとなく中井を見ててそう思う。

中井　押さえつけてほしいっていう要求があればやります。その人がそういうのを望んでいるっていうのがわかったらやると思います。

増田　今日の話聞いてるとそうだよね。そういう中井の厳しい面は初めて聞いたよ。

中井　僕は指導者は何かを追いかけてなきゃだめだと思ってるんです。必ず僕は抜かされると。自分を大したことないと思うところから全部来てるんですよね。僕のやってることは大したことないから、誰でもできるよと。だから僕を抜かすやつが出てくるんですよ。いくらでも。だって、僕は先頭に立って、もうちょっと頑張ろう、もうちょっと頑張ろうとして、だめなところはだめだけどもうちょっと頑張ろうとして試行錯誤してやっているわけですよね。そうすると後続の人が抜かすので、そうなるはずなんですよ。そのためにやってるような気もしますよね。

増田　中井は目の前のことより、そのジャンル全体の勢いをつけるための仕事をしてるよね。

中井　そうですね。

増田　自分を踏み台にしてでも、ジャンル全体が伸びてくれればと。

中井　別に自分なんかどうでもいいので、自分なんか出なくたっていいんですよ。そうしたらみんな抜くので。そうしたらみんないっぱしの先生ですよ。

増田　すごい考え方だよな。組織のトップとしての覚悟が違う。パラエストラというジム組織と、日本ブラジリアン柔術連盟、2つのトップに若いときから覚悟をもって就いてきてるわけだからね。普通のビジネスマンだったら早くて60歳くらいにならないと経験できないことを20代からやってきたから。日本の総合格闘技界のパイオニアであり、ブラジリアン柔術のパイオニアであり、そして組織運営者でもある。

中井　敵にも塩をずっと送ってきたので、結局他団体の人も僕らとせめぎ合って違う価値観でやろうとするけど、それでいいんですよ。違うやり方でやろうとするのも僕は認めていいます。極端なことといったら辞めたってかまわないんですよ、うちのジムなんて。辞めて独立するのもOKなんですよ。そういう時期なんですよね。そのほうがきっといいと判断してるからそうなるのであって、いろんなやり方を認める、多様性は絶対に認めないとだめなんですよ。ノーと言う必要はまったくないんですよ。失敗してうまくいかなかったら本人が困るだけ。あれせい、これせいっていうのはないです。

増田　そこを東大の松原隆一郎先生も見ていらっしゃって、すごく驚嘆されてるよね、中井の考え方に。格闘技誌での評論で「中井先生のやりかたは養殖漁業じゃなくて放流漁業だ」という例えも使っておられた。褒めてるんじゃなくて敬意を持っておられる。松原先生は僕より9歳上だから中井より14歳上。そういった年齢に関係なく、俺自身も含めて中井の人間性にまわりの者はみんな敬意を持ってる。たとえば夢枕獏先生（作家）とか板垣恵介さん（漫画家）とか、中井に会った人は、みんなその人間性に参ってしまう。腰の低さとか、けして自慢しないところとか。さらには他団体のやり方や価値観も認めて抱きとめてしまうその包容力。

中井　だって何かをやろうとしたとき、やり方は無数にあるわけです。そのなかでそれぞれが自分に合ったものをチョイスして自分で作っていく作業だと思えばいい。そしたらいろんなことができると思うんですよ。いろんな可能性が出てくる。

増田　そうだね。

中井　いまはなんかやったり言っただけでぼろくそに叩かれたりするんですよね。言葉でもそうだし行動でもそうだし。大したことないじゃんっていうのにぼろくそなんですよね。これはまずいです。社会がもうちょっと機能しなきゃいけない。学校と家庭以外の第三者で。町道場がそうなるべきだと僕は思ってます。行き場がない子でも入れようっていう。学校でも家庭でも小さくなっている子が、道場に来ると生き生きするみたいな子がたくさんいるわけで、そういうところを目的にしたい。制約をなくしていくと、もっともっといろんな才能が出てくるんじゃないかなと思ってます。

増田　聞いてて思うんだけど、中井のジムっていうのは格闘技を教えてるように見えてそれだけじゃないんだよね。思想を具現化するための1つの手段というか。哲学的で思索的。そして社会にも開かれている。

第三章　柔らかな思考こそ強さを生む

「柔道の競技人口が減ってきているということに関してはどう思う？」

「スポーツはスポーツであって、楽しむものだと思うんですよ」

日大と慶應の柔道部を指導

増田　２０２０年の東京五輪に向けてこれから日本柔道も盛り上がっていくと思うけど、ぜひ柔道のこれからについても中井に聞いてみたい。このあいだ話したとき中井がちらっと言ってて気になったのは、最近パラエストラに出稽古に来る一流柔道家たちが自信をなくしてると。

中井　はい。

増田　昔パラエストラを開いたばかりの頃、ブラジリアン柔術をこれから日本に根付かせようっていう時代には、僕が格闘技雑誌で読んでたイメージでは、柔道家たちもまだよくブラジリアン柔術っていうのがわかってなくて、グレイシー柔術が出てきたときもそうだけど、自分たちがやればたとえあのルールでやっても簡単に勝てるよみたいな、そういう風潮だったよね。１９９３年に第１回アルティメット大会（第１回ＵＦＣ）があってグレイシー柔術が出てきて、一世を風靡していくわけだけども、柔道界だけははじめ醒めた眼で見てた。２０００年、いや２００３年くらいまでは「あんなの弱いよ。俺たちがあのルールの大会に出ても勝てるよ」みたいな風潮があった。あの頃と比べて、いま柔道家たちが自信をなくしてるっていうのが気になるんだけど。

中井　それは1つのキーワードなんですね。いま、トップの人が練習に来たり自分がそこに行ったりすることがあって。

増田　いま大学柔道界でトップを争ってる日大柔道部への指導にも中井は行きはじめたよね。

中井　はい。

増田　あと慶應大学柔道部にも。

中井　ええ。すごく真摯で勉強しようとしてると思うんですよ。いま世界で起きてることを学ぼうとしはじめた。たとえば、柔道の五輪や世界選手権を見てるとグラウンドの動きなんかは異種格闘技が混ざったりすることも多々あり、そういったものに対してトップ柔道家でさえも攻防の練習がなかなかできてないと。柔道の場合、普段の寝技の練習がカメを取る練習にしかならないと。やっぱり、いわゆる正対との攻防とかには普段の練習では一切ならないわけですね。

増田　ならないよね、柔道って。

中井　ただ、トップ選手がそういうコクのある濃密な攻防を求めて来てるっていうことですよね。そのへんの機微を知りたいっていうことですよね。彼らはすごく探求心があって。

増田　1995年の一流柔道家も2016年の一流柔道家も寝技の実力レベルが同じだとすると、当時は自信を持って来てて、それなりに柔道の寝技スタイルに持ち込んで、柔道家特有の強いフィジカルと柔道の寝技技術で、細かい攻防とは言わなくても充分戦っていた。

「俺たちのほうが本場だ」「柔道が本家だ」っていう、そういうプライドがあったのに、いまは自信をなくしてきて、逆に精神的に萎縮していて簡単に取られてしまうんですと、そんな風潮があるんですって中井がこの間言ってたのが気になった。

中井 はい。いまやってる柔道のままでいけるっていう感じではもうなくなってる……。

増田 それは柔道家たちの誤解がなくなったんだね。

中井 そうですね。

増田 真実と向き合うようになってきた。ブラジリアン柔術の寝技がわかってきた。見えてきた。

中井 はい。

増田 同じように畳の上でごろごろ組み合ってるから、一般的には同じように見えるけども、柔術の寝技には実はものすごく細かい攻防があるっていうのを彼らは知ってきた。

中井 はい。そうだと思います。

増田 知ることによって自信をなくした。柔道の寝技はこれでいいんだろうかっていう。

中井 そうですね。だから、特にこういう僕らのフィールド、グラウンド（寝技）とかサブミッション（関節技）みたいなフィールドに来るのは、柔道だけの練習だと難しいということを考えてるっていうことで、だからこれはよく捉えればよい変化だと思うんですよね。

増田 長いあいだに変わってきた。

中井 そう思いますね。だから全体的には……。

増田　学ぼうという姿勢に変わってきた。昔は道場破りで来てたわけだもんね。

中井　はい。昔は柔道をやってる人たちの層が分厚くて、本当に強くて、そのまま総合格闘技に行っても柔道家が全部獲っちゃうだろうみたいなことを言われたこともあった。僕も言われたこともあるし。

増田　俺なんかは格闘技の現場見てるから「違うよ」とは思ってたんだけど、なかなか一般層にはね。直接やってみないとわからないので。

中井　大先生方も言ってましたからね。

増田　言ってたよね。岡野功先生（東京五輪中量級金メダリストで、80キロの小さな体で体重無差別の全日本選手権2度優勝の伝説的柔道家）とかでもみんな言ってた。

中井　柔道側から見て「あんなの簡単だろう」とかっていうことだったわけですね。やったことないから知らなかっただけですけど。僕らは「見えてねえな。ちくしょう」と思いながらやってた。でもいまは一回転して、僕らがやってきたようなことが逆にワールドスタンダードになっていって、若干その水準から比べるとトップ柔道家たちも「俺たちはきちんとした手順のものを習ってない」とか、そういうことがわかってきた。柔道が根本的に強い人たちなので、グラウンドは1個か2個知ってりゃいいっていうような考えは多々あるにせよ、やっぱりかなり知識量的には遅れてる。だからブラジリアン柔術を練習に取り入れている外国人選手にグラウンドで勝つのはちょっと難しいとか、そういう感じがにじみ出てるんですよね。それはありますね。

増田　それがわかってきた。だけど逆に言うと、昔は間違いではあっても、あるいは自分の力の過信であっても、そう思い込むことによって柔道家特有のフィジカルの強さで突破できてたレベルを、いま突破できなくなってるってこと？

中井　そうだと思いますね。

増田　寝技で自信をなくして精神的に萎縮しちゃってる。真実を知る、あるいは謙虚になるっていうことでは成長だけども、格闘家としてはある意味、中井なんかは気持ちで戦う男だったから特に、それはよくないことなんだよね。

中井　そうですね。ここはだから苦しいところだと思うんです。自分の持ってる自信に揺らぎがあって、そこからいまの対戦にアジャストして勝っていくにはどうしたらいいのかって考えるのも必要なのに、他のものの参考にしなきゃって思ってるっていうことは、いいこと半分なんですけど、やっぱりちょっと弱くなってるんですよ。

増田　気持ちの中心線が。

中井　はい。揺らいでいる。だったらここから完全にオリジナルなものをつくっていく手伝いをしようという。

増田　それは〈柔道プラス柔術〉のような新しい戦い方？

中井　言葉にするのはちょっと難しいんですけど、簡単に言うと、日本人って僕は寝技をつくった民族だと思ってるから。

増田　そうだね。江戸時代から。

中井　背中付けても勝つものをつくった民族は結局我々だから。

増田　背中付けても勝つっていうのは？

中井　レスリングでもなんでも海外の格闘技では背中付けたら負けなんですよね。（寝技の正対の格好をして）こうなっちゃったら普通は負けなんですよね。刺されるし、槍で突かれちゃうし。寝たら普通は負けなんですよ。動物も強いやつに腹を見せるっていうし。こうなったら負けなんです。だけどここから勝つものをつくったのは日本人じゃないですか。下からの三角絞めや腕挫《ひし》ぎ十字固めだったり。古流柔術もそうだし、そういうものを作ったのはわれわれ日本人なんです。

増田　あと高専柔道、七帝柔道も。

中井　はい。高専柔道もそうだし七帝柔道もそうだし。下から攻撃してる前田光世（明治時代の講道館柔道の強豪。海外に渡り異種格闘技戦で柔道の実力を示した。ブラジルでカーロス・グレイシーに柔道を教え、それが弟エリオに伝えられグレイシー柔術になった）がフォール負けにされたことがあるぐらいだから。審判は前田が攻めてるのがわからないから「前田が負けた、前田が負けた」って騒がれたことがあるわけだから。我々の祖先は当たり前に「下からの攻撃」を作った。

増田　うんうん。

中井　その誇りを取り戻すべきだっていうのは、僕はこの10年ぐらい言い続けています。俺ら日本人はもともとそういうのを作ったんだから、自分で作れるんだよっていうことですよね。日本流のやり方を探せるはずなので、別にそれはなんとか大学流でもいいし、パラエストラ流でもいいんだけど、海外に伍していけるものをつくってるでしょっていうようなことを、言わなくてももう精神の成り立ちが完全にでき上がってるような状況をつくらないと、世界で勝つのは逆に難しいですね。これは日大柔道部とかの指導で言うんですけど。

七帝戦が凄いことになっている

増田　最近、ブラジリアン柔術を取り入れてる外国人柔道選手に、よく世界選手権や五輪で取られるよね。肘とか。

中井　そうですね。

増田　下からね。この間も松本薫選手が腕挫ぎ十字固め取られたよね。

中井　あれも完全にブラジリアン柔術です。相手はブラジル選手ですから柔術もやってる選手ですね。

増田　日本柔道家たちは謙虚にはなったけど、逆に「俺たちが本家なんだ。柔道が本家なんだ。もともとここから始まったんだ。だから負けるわけないんだ」っていう精神的な強さみたいなのが萎縮しちゃったのかもしれない。もちろんあのころの柔道家の状況もよくなかった。「ブラジリアン柔術? あんなの俺がやれば簡単に勝てるよ」「柔道家が出たら柔術なんて一発で取れる」って言って、やらなかったからね。でもいまは柔術の技術体系を知ってしまったからこそ、自信をなくしちゃってるのをどうやって変えていったらいいのか。

中井　いまあること、共通の「知」みたいなのを上げていかなきゃだめですね。グラップリング（裸でやるブラジリアン柔術の練習のような格闘技。競技試合もある）とか柔術とかでスタンダードとされてるものとか常識的なものとかも、もう無いんですよ。技術が完全にミックスされちゃって。でも柔道のなかには柔道の寝技しかない。そこが問題なんです。もっともっと外から技術を取り入れないと。もちろん逆に言うと柔術家とかグラップラーが柔道ルールで柔道をやって勝てるのかっていったら、絶対に勝てないですよ。柔道の技術に特化しなきゃ勝てないから絶対に無理なんですけど、でも海外のトップ柔道家はブラジリアン柔術やグラップリングやサンボと交流してリサーチしてますよね。もうパッと見ると「こいつグラップリング絶対やってる」とか「ドリル練習やってる」とかわかるんですよ。知識量のスタンダードの長《ちょう》が違うんですよね。日本の柔道界もそういったものを当たり前にしないといけないなというふうに思ってます。

増田　なるほど。

中井　七帝戦が今年7月東京で開かれるのでちょっと七帝柔道の話になるんですけど、七帝戦でブラジリアン柔術の技が出だしたのがたぶん……。

増田　あれは7大学の持ち回りの主幹開催だから前回の東京での七帝戦、ちょうど7年前の大会のとき、中井は「この寝技はちょっと遅れているのでは」って言ってたよね。大会後に少し話しただけだけど。

中井　はい。だからあの7年前の東京大会くらいから少しずつ変わってきてるように見える。

僕が道場を開いて15年とか20年じゃないですか。そのあとの7大学の後輩たちが大学を出てから社会人になって雪崩を打ってブラジリアン柔術に入ってきて、だんだんそのOBたちが学生と組むようになって、引き分けるテクニックのチャンネルを増やす技だとか、これを知ってるだけで引き分けられるとか、そういう下からのパターンが爆発的に増えていったんじゃないかと。だけどそれが7年前にはいまいちわかってない人もいっぱいいたと思うんですよ。だから東京の講道館での7年前の大会の辺りは僕は「ちょっと遅れてるのでは」ってそうやって増田さんに言ったと思うんですけど、それが去年の京都の大会に行ったときに……。

増田 すごい興奮して電話かかってきたからね（笑）。

中井 もう完全に理解してるんですよ。

増田 完全にミックスされてるって。柔道とブラジリアン柔術と七帝柔道、この3つが完全に混じり合って、七帝柔道の新たな技術が出てきて、七帝戦が凄まじい寝技戦になってると。まったく独自の文化が生まれてたって。

中井 はい。たとえばクローズガード（下から相手に胴がらみした体勢）取られて、脚の割り方わかりませんとか、全然解けませんみたいな人がまったくいないんですよね。「胴がらみ？　なんだ、あれ？」って言う人もいないし。完全に上級生が下級生に教え込んでる感じで。もちろん七帝柔道流になってますよ。ブラジリアン柔術の技術が溶け込んで、完全に独自のものになってるので。レッグドラッグ（下になった相手の脚をさばく柔術の技術の1つ）

とかそういう最新技が見られたり、大将戦が両者とも引き込む、いわゆるダブルガード状態になったり、柔術化してるところが多々見られた。それも柔術を取り入れているのではなくて本当に消化してるっていう感じだったので「あっ、やっと新しいフェーズに入ったな」と思ったんですよ。

増田　すごく興奮して嬉しそうに話してたよね。

中井　はい。七帝がすごいことになってると。でも逆に考えると七帝だけなんですよね。柔術とかグラップリングが研究されてミックスされた寝技をやっているのが。他の大学に行ったらもうまったく入ってないんですよ。まあ、当たり前なんですけど。

増田　中井は去年から日本大学柔道部と慶應大学柔道部の特別コーチに招聘されてるけど、日大といったら非常に強い大学、いま大学のトップを争ってるよね。監督はあの金野潤先生（全日本柔道選手権2度優勝の強豪）で、1994年の全日本の決勝で吉田秀彦の腕を脇固めで折ろうとしたアグレッシブな選手。昨年は弟子の原沢久喜（日大出身。現在JRA）が全日本選手権を獲ったし、いま乗りに乗ってる強豪大学。

中井　はい。超強豪です。

増田　金野潤先生は非常に先進的な方で、現役時代からどうやったら勝てるかを常に考えておられたよね。吉田秀彦（バルセロナ五輪78キロ級金メダリスト）に脇固めや蟹挟みっていう奇襲技を仕掛けた全日本選手権の決勝は語りぐさになってる。

中井　伝統的には日大さんとかは寝技やってこなかったって言ってたので、だから取り入れたいっていうことで金野先生から直々でお話いただいて交流してます。一緒に練習したり教えたりっていうことをやってきて、これからだろうなと。僕らは町道場で一般の人にブラジリアン柔術教えて、その人たちがどんどん強者《つわもの》になっていくっていうのを見てるから、それを強豪柔道部の人たちにやっちゃおうっていうことなんです。柔道とかレスリングとかそういうトラディショナルなものを嗜んでる人にチャンネルを増やしてもらおうと。そうすると共通の知識が上がる。一段上がると思うんですよ。それを僕は最近はやろうとしてるんですね。

増田　慶應もね、伝統の早慶戦、あれ20人の抜き勝負で世界で唯一、国際ルールじゃなくて講道館ルールでやってる試合なんだよね。そういう自由なところだからこそ中井を呼んでる。2000年前後だと俺がやっぱりよく聞いてたのは、強い柔道家は「自分達たちがやればブラジリアン柔術なんて勝てる」と上から目線で見てた。どうしても上から目線だった。そういう柔道文化のなかで普及させていく中井祐樹とか早川光由先生（トライフォース柔術アカデミー主宰）とかはすごく苦労したと思う。柔道家も実際にやってみれば寝技の強さがわかるんだけど、やらずに言ってたから。それこそ「UFCの舞台に上がれば、ホイスが勝てるなら俺はもっと楽勝だよ」っていう、そういう非常に頑迷な見方があったんだね。

中井　はい。

増田　そういう偏見のなかで草創期に普及してくる努力は並大抵のものではなかった。

中井　そうですね。

乱取り中心主義の問題点

増田　さっきも言ったけど岡野功先生でさえ昔はそういう感じだった。岡野先生の奥様はアメリカの方なので岡野先生も当然よくアメリカに行かれるわけだけれど、向こうでブラジリアン柔術の試合を観て「あれは偽物だ」って仰ってた。それが数年前にお会いしたとき全然逆のことを仰った。「あれは本物だよ」って。やっぱり一流の先生だから試合を見て気づかれた。「あんなに下からごちゃごちゃごちゃごちゃ、あんなの寝技として」っていうことを言ってたのが、「あれを学ばなければいけない」っていうことを。10年で変わった。

中井　すごいですね。それは。

増田　超一流の先生だから。木村政彦先生と並ぶ日本柔道史上最強のレジェンドだから、木村先生がそうだったように、本物はきちんと認めていく。

中井　表面的には自分も柔道が弱かった……どの程度の柔道だったんだよって言われたこともあるわけです。強い柔道家なわけじゃなかったから、全日本学生に行っただけの男ですからね（中井は大学3年時に正力杯全国ベスト16）。

増田　いや、中井は謙虚な男だから補足しておくと、それは寝技での膠着の「待て」があって5秒か10秒寝技をやってたら審判に立たされて立技からリスタートする国際ルールでのことだから。七帝ルールやブラジリアン柔術では寝技戦になったら試合終わるまでずっと寝技をやるわけだから。バーリトゥードや総合格闘技と同じで。そういう何でもありのルールの土俵に相手が来てくれないと、中井の強さは証明しようがなかった。

中井　僕らの世代以降は吉田秀彦さんとか瀧本誠さん（シドニー五輪81キロ級金メダリスト）とかそういった人まで総合に来て参入することになって、最終的には総合格闘技の頂の高さが逆に証明されちゃったわけですよね。こういう人たちが来てもトップに立てない世界なんだっていう。その流れが石井慧選手までつながるわけですけど。やっぱり簡単じゃねえんだなとか、相当レベルがすごいことになってるなっていうのがある。

増田　競技人口の差も昔はあったけど、いまでは総合格闘技やブラジリアン柔術の競技者がすごく増えて、さらにレベルが上がってきてるわけだよね。

中井　はい。

増田　もう昔のことだから言ってしまってもいいと思うけど、当時だったら柔道家たちも道場破りに来てたわけでしょ。パラエストラにも、いっぱい来たでしょ。

中井　はい。その当時の柔道家はやっぱり強かったですよ。

増田　フィジカルも強かったし、気持ちの面でも、「柔道が柔術に負けるわけねえ」という意地とか自信が凄かった。

中井　腕試しに来て、全員やられて帰られたこともありますよ。だけど、それでいいんだと思ってました。だって一流柔道家の強さは知ってるので。それ以前に僕が柔術の現役選手だったときに、世界柔術選手権の前とかには大学の柔道部に出稽古に行ってたんですね。

増田　筑波大とかね。

中井　はい。筑波も行かせてもらいましたし、流通経済大も行かせてもらいましたし、国士舘大も。

増田　当時はまだ柔術家の稽古相手が、中井より強い稽古相手が育ってない時代だから、柔道家を世界の一流柔術家としてシミュレートしながらスパーした。

中井　はい。強い人とやるには当時はトップ柔道家しか国内にはいなかったですから。

増田　中井は柔術のパイオニアだからね。中井より強い柔術家が当時は国内にいなかったから。

中井　はい。それと僕もある意味、北大柔道部時代のほうが強かったなっていう思いもあったので。

増田　抑え込み、柔道パワー、ガチッとした密着度。そういうもの？

中井　はい。柔術の練習を積んでいくうちに、関節や絞めの極めは強くなったし技術も圧倒的に向上した。でも柔道特有のパワフルさを忘れがちに。柔術には抑え込みがないから。

増田　それをよく中井は言ってたね。

中井　それを思い出すために柔道に行ってたんですね。そのとき練習した柔道家のうち何人か響いてくれたのが柔術に出たり総合に出たりするようになるんですよね。たとえば小見川《おみがわ》選手（小見川道大。当時国際武道大。現総合格闘家）みたいな人がこっちに来たりとかそういうことが起きてきて、だんだん状況が変わってきた。なので、いまの混沌とした状況に招き入れたのは自分だし、そうなるならば逆に新しい柔道をつくっちゃうよっていう。もちろん伝統に根差したものではあるんですけど、日本の柔道の新しい形とかを作る手助けをしましょうっていうこと。僕は柔術関係者の前でも言うんだけど、柔術のことを全部学んじゃって、全部取り入れちゃって、オリジナルのものを作っちゃって、サブミッションにしても何にしても作っちゃって、「これ全部柔道ですよ」って言っちゃっていいかなと。技を盗られるとか、そんなこと小っちゃいことなんで。

増田　逆に柔道側も柔術を学んできている。とくに七帝柔道がね。北大柔道部コーチの佐々木さん（佐々木洋一。北大柔道部ＯＢ）も草創期のパラエストラ札幌に行って、始めたばかりの白帯がみんなすごい技を、柔道家だったら全日本クラスでもなかなか使わないような細かいテクニックを使ってスパーリングしてて、なんでこんな技を白帯が使えるんだと思って見てたら、いわゆる打ち込みだよね、寝技の打ち込み。柔術ではドリルと言ってるんだけど、寝技の打ち込みをたっぷりやってた。それで「うちもこれをやらないと」とびっくりして北大にも取り入れたそうだから。

中井　はい。

増田　一般の人にわかりやすく説明すると、柔道は寝技の打ち込みをほとんどの学校がやらないんだよ。投技の打ち込みや投げ込みはたっぷりやるけど、寝技はすぐに乱取り、いわゆるスパーリングに放り込んで「ほら戦え」とガチガチでやらせる。

中井　そうですね。

増田　僕みたいに低いレベルで言ったら申し訳ないんだけど、これは一般向けの本だから、経験者ではない一般の人たちに近い目線で話せるということであえて説明してみると、ごく簡単に言うと、柔道家の寝技はパワーが凄まじい。相撲の稽古みたいなぶつかり合いをガチガチに積んでるから、体が相撲取りのように筋肉の塊でできて上がっていって。柔道家同士の寝技乱取り見てると、ときどき俺はラグビーのスクラムを思い出す。ガチッとがっぷり四つにぶつかり合う。

中井　たしかにそういう感じですね。

増田　柔道の寝技はラグビーのスクラム、対して柔術の寝技はサッカーのボールの細かい操作技術、そんなふうに感じる。ただラグビーのスクラムのような寝技が悪いわけではないよ。良いか悪いかは別だよ。パワーって凄く大切だから。「技は力のうちにあり」っていうのも正鵠を射ているから。でも寝技テクニックの研究時間ってあんまりとらなくて、寝技乱取り見てると同じ体勢になってずっとっていうのを何十人と相手を交代して延々繰り返しやってる。カメ取りとか脚搦みの外し合いとか。攻防っていうのが柔術に比べると少ない。凄いパワーがつくけどね、寝技のパワー。

中井　はいはい。

増田　フルパワーの乱取り中心主義が細かい寝技技術の発展を止めてしまってる面がある。もちろん寝技のことだけだよ。立技は逆にすごい研究合戦だけど。投技に関しては柔道もすごく緻密な、手首の使い方、小指の使い方からやるんだけど、それを柔術は寝技でやってる。ものすごく細かい。1つ1つのステップ。ちょろっと足のひっかけ方の角度から何から、全部細かく細かく分析してテクニカルな部分を追求していく。

中井　はい。

増田　受験でいうと柔術の寝技はチャート式の受験参考書（数研出版から出されている参考書シリーズ。丁寧な解説で基本から応用まで導くシステムで一世を風靡した）みたいな感じ。それに対して柔道の寝技はZ会（東大京大と医学部受験用に特化したトップ高校生向けの通信添削。超難解な設問で有名。増田や中井の受験時代は東大入学生の半数以上がここの会員だった。少子化による受験産業の衰退とともに現在はややレベルを下げて大衆的な内容に転向している）みたいな感じ。月に3回問題を送ってきて「この難解なの解いてみろ」っていう。俺もZ会で受験腕力つけて強引に入学した方だからその違いがわかるんだけど、基礎のディテールをすっ飛ばして難解な問題を解く体力がすごくついてくる。だからZ会的な柔道の寝技はスポーツとしては悪くない。さまざまな体力、筋力、パワーがついてくるから走ったりウエイトリフティングやってるのと同じで、いろんな調整力もつくんだけども、寝技の技術が単調になりやすい。もちろん、あくまでブラジリアン柔術と比べてということだけど。柔道の寝技もすごく強いから。あくまで一般読者にわかりやすく解説しただけで。

中井　そうですね。だから技術に関しては誘導していかなきゃいけないんですよ。どんどん合体するとまた生まれるものがあるので。柔道、柔術、サンボ、レスリング、全部格闘技が融合しなきゃいけないんですよ。こと練習に関しては。

増田　お互いにいいところがあるので。

中井　はい。現実にいろいろな問題があるんでしょうけど、それでもその方向で行くべき。

日本の「スポーツ文化」の問題点

増田　そもそもサンボもブラジリアン柔術も出自が講道館柔道だからね。柔道が起源で、柔道がそれぞれの国でアレンジされて別方向に発展したもの。だから中井の言うように、その出自に自信を取り戻していって、柔道独自の個性を伸ばしながら、かつ中井の言うように他格闘技とも交流して新技術の吸収もしていけば……。

中井　すごいものが完成しますね。

増田　もちろん現在の五輪スポーツとしての素晴らしい柔道は残した上で、嘉納治五郎先生が目指しておられた〈総合格闘技としての打撃ありの柔道〉というものも作れるかもしれない。

中井　すごいものになりますね。

増田　打撃なしの組技だけでもね、柔道を中心にいろんな格闘技の技術を取り込んで練り上げていったら……。

中井　本当にすごいものになります。

増田　嘉納治五郎先生自体が他の格闘技にすごく興味を持っていた方だからね。レスリングや空手、合気道とか。

中井　はい。そのとおりです。

増田　いままでの日本の柔道文化っていうのは部活文化でしょう。他のスポーツも、日本はみんな。野球、バレーボール、サッカー、バスケット、剣道、卓球、ハンドボール、水泳、陸上……みんな同じように放課後3時間なり、あるいは朝練習も含めて4時間5時間6時間、強いところだったらそうやってガチガチに、全中、インターハイを目指して鍛えていく。そしてその膨大な競技人口のなかから、ふるいというのかな、受験戦争と同じだよね、俺が感じたのは。巨大なトーナメント表から上がってくるトップレベルだけをすくい上げてた。だからインターハイの柔道のトーナメント表見て思うのは、ここに五十数人並んでるけど、実際はこの下のほうにめちゃくちゃ大きなトーナメント表があるということ。そのなかから上がってきた者だけがぶつかり合ってる。

中井　そうですね。

増田　でもこの部活文化の鍛え方は、合理的じゃないところがあって練習時間が長すぎるにもかかわらず、実際は本当の技術練習って実は少なかったりする。たとえば俺は中学で野球部だったけど、土日もなく朝から晩まで延々走ったり球拾いしたり。そこで音《ね》を上げないやつだけ技術を教えてもらえる。3年生になってからやっとフリーバッティングを5分間だけとかね。それを高校野球だったら蔦文也監督時代の徳島の池田高校（公立高校でありながら蔦監督が率いて甲子園出場14回、優勝3回、準優勝2回の大記録を残した）が破ったよね。金属バットでとにかく打て、打て、打てって、打つ練習ばっかりして、ガンガン打って甲子園で大旋風を巻き起こして勝った。

中井　はいはい。そうでしたね。

増田　日本のスポーツ界って、練習時間としてはかなり長いけど、そのなかでの練習密度はどうなのっていうのは青木真也選手に俺も疑問を投げかけられたことがある。「5時間やってるようで、そのうち練習になってるのはほんのわずかだったりするんじゃないですか」って。その代わり心肺機能とか筋力は高まるよ。七帝柔道でも当時は、僕たちのやってた頃は、練習時間がとにかく長かった。でもいま考えるとパワーだけはついたけど、細かい技術については……。筋力と瞬発力とタイミングでガーンと取ってただけだった部分もある。いまの七帝柔道は違うよ、いまの学生は緻密でいい練習してる。でも当時は……。

中井　それでも驚異的に日本柔道は強かったわけなんです。野球とかも強いわけだし。そういう意味で日本のやり方はずっと根性中心のやり方だったんですよね。

増田　受験もそうだよね。根性中心だったよね。

中井　それがやっぱりいまは、ある種の崩壊があって。

増田　うんうん。

中井　やっぱり自分の進む道を自分でクリエイトしていくような方向に向かっていく、本当にいい、ポジティブな方向に向かっていく必要があると思うんです。だけど、日本のスポーツってとにかく練習時間がやたら長くて。

増田　長いよね。

中井　長くて。日本の場合、なんでもそうなんですよね。

増田　会社の会議とかよく言われるよね。会議、会議で、時間が長いんだけど、会議のための会議になってることが多いと。スポーツもそう。練習のための練習になってる。

中井　間違ってたとは僕は言いたくないんですけど、でもやっぱり変わっていかざるを得ないところはあると思うんですよ。ブラジリアン柔術の本場、ブラジル見てきたら、強いところでも練習時間が短かったりするし、やっぱりトップ選手は何本かしかやってないとか。僕らは何時間もやってたのに、4、5人としかやってないんですよね。それを見たときに、「ああ、やっぱりそうだったんだ」と思って。でもその1本1本はすごい真剣なんですよね。間も置いてるしおしゃべりもしていると。でもその4、5本はがっちりやってたり、あと先生が「お前とお前」みたいな感じで、好きに組めないんですよね。たぶんこの2人は避け合ってるとかわかってるんですよ。このタイプが苦手だからやらないでいるとか、そういうのをやったりしていって、非常によくできてましたね。そういった点でも素晴らしいなと思った。だから、日本もやり方をまた新しくつくっていかなきゃいけないと思うんですよね。

増田　この日本の文化、スポーツだけの問題ではなくて、学校の部活動文化が崩壊しつつあるよね。吹奏楽部でも演劇部でもなんでもそうだけど、まさにそれが崩壊しつつある。でもそのなかで、いままで他のスポーツがどこも成功させられなかった外部のクラブ文化を、ブラジリアン柔術というフォーマットが全国に広げてしまった。生徒が来て会費を取って、その会費だけで指導者がご飯を食べていくという。それが他のスポーツで成り立たなかったからみんな学校でやってた。それを崩壊させてきている大きな要因が日本のブラジリアン柔術文化かもしれない。

中井　おおっと（笑）。

増田　俺はそう思っているんだけど。だってその成功を見て、ボクシングや空手ももう1回テコ入れをしているわけでしょ。野球やサッカーもやっぱりテコ入れしている。柔術の町道場成功システムを見てね。

中井　そうですね。みんな優しく懇切に教えるんだってなりますよね。

増田　そうそう。ブラジリアン柔術はお金をとる以上のサービスを提供してるからね。サービスとは何かっていう当たり前の感覚を持って。他の日本のスポーツでは、かつては外部のクラブでも根性主義でやってたから。お金をとって技術より根性主義だったから。だからその柔術の町道場成功を少年野球とか少年サッカーも見てフィードバックさせた。昔のリトルリーグなんかだとやっぱり部活文化と同じで「走れ走れ」って言って「投げ込め、投げ込め」って言って、根性主義でやってた。でもそれでは人は来なくなったから。

中井　そうですね。

日本のスポーツを変えたのは誰か

増田　日本のスポーツが少しずつ変わりはじめたのは、俺は近鉄時代の野茂英雄と鈴木啓示監督の対立が始まりだったと思ってる。野茂が大リーグへ行ったのは1995年だから1990年代の中頃。鈴木啓示は野茂の練習法や調整法をすべて否定して「とにかく投手は走るもんや」みたいな怒り方して、鈴木啓示は300勝以上挙げてる大投手だったから、その頑迷な考えをとにかく押しつけた。野茂はそれを嫌がって近鉄を退団して、海を渡ってドジャースに行っちゃった。あのとき鈴木監督は「通用するわけないやろ」って吐き捨てたし、日本のスポーツマスコミもみんな鈴木監督の味方をして「通用しない。そもそも上の言うことを聞かない人間は社会人として失格」みたいな報道してた。俺も恥ずかしながらそう思ってた。

中井 たしかにそうですね。その数年前に親方と喧嘩して大相撲を辞めた双羽黒とある意味で同じ見方をされ、世間から「いまどきの新人類は」というバッシングを受けたんですよね。

増田 俺も恥ずかしいけど旧人類だったからね、当時は。「野茂、何をわがままいってるんだ」って思ってしまった。日本の当時の部活文化やスポーツ文化、サラリーマン文化の只中にいたから、野茂が勝手なこと言ってると思ってしまった。草魂（鈴木啓示が自身が雑草の魂を持って野球に打ち込んだという考えから作った造語。「走れ走れ」とともに鈴木の代名詞だった）がない野茂はだめだって思ってしまった。でも、年俸が億単位だった野茂はそれを捨てて、日本のマスコミバッシングに耐えて、1人で海を渡って数百万円のマイナーリーグ契約から再スタートして、向こうでも超一流になってトルネードで大旋風を巻き起こしてしまった。

中井 そうでしたね。あそこがたしかに日本のスポーツ界の転換点だったかもしれません。

増田 野茂が先鞭をつけたからこそ、後のイチローや松井秀喜の渡米に繋がった。だから野茂のあの偉業は絶対に忘れてはいけないと思う。話を日本の子供のスポーツ教室に戻すと、お金を払ってスポーツ技術を習いに来ている人間にスポーツ技術を教える、これ、当たり前のことなんだけど、日本のスポーツ界だけはその当たり前がなかった。たとえば学習塾が受験問題の解き方を教えないで「走れ走れ」って言って毎日走らせて根性だけを教えてるとしたら人来る？

中井　来ないですね（笑）。

増田　でしょう。でもそういう部分があったんだよ。そのスポーツに必要な本当のテクニック。野球だったら打つテクニックでも投げるテクニックでも、それを商品……商品って言ったらちょっと語弊があるかもしれないけど思いきって言ってしまうと、お金を貰って教えてる以上はビジネスだから。

中井　そうですね。

増田　ほかの世界で当たり前のそのビジネス感覚が、日本のスポーツ界にあまりなかった。そうすると他ジャンルと市場で争うと負けてしまう。

中井　はい、そうです。

増田　競争原理のなかで勝てないんじゃないかな。同じ月謝1万円を払うなら学習塾へ、ということになる。あるいはスポーツ界で比較的ビジネスでやってるテニスとかゴルフのキッズクラブへ流れてしまう。

中井　そうです。

増田　そんな日本のスポーツ界のなかで、月謝1万円を貰って、専業の指導者が日本中に無数にいるブラジリアン柔術っていうのは、未来の日本のスポーツを考えるとき、すごく重要な勉強材料になるんだよね。それを中井が作った。ゴルフやテニスのレッスンプロより、ブラジリアン柔術ジム専業でやってる人間の方が圧倒的に多いから。柔術ジムだけで食ってる人が全国に無数にいる。これ、驚異的なことだよ。野球やサッカーのスポーツ教室開いてレッスンして食ってる人なんて誰もいないでしょう。食えないから。それを柔術家は食えてるんだから。すごいことだよ。

中井　はい。

増田　Amazonで検索してみると、あらゆるスポーツのなかで技術書と技術DVDの数がいちばん多いのはブラジリアン柔術なんだよ。野球やサッカーもたくさん出てるけど、競技人口比でいったら間違いなくブラジリアン柔術がダントツで一番たくさん技術書が出ている。なぜこんなに出てるかといえば、売れるからさ。出版社はペイしないものは絶対に出さない。

中井　そのとおりです。

増田　やっぱり柔術の町道場へ行ってる人たちはすでに技術を買うという考え方に慣れてるから、新しい技術書を買う。

中井　市場ができたんですよね。

増田　柔術文化が〈技術〉というものに市場を作った。これは道場に行かないとなかなかわからないんだけど、毎回新しい技術を教えてくれる。僕も2年間通って、技術研究会で同じ技を教えられたことは一度もない。それくらい技術が多い文化なんだよね。その数は凄まじい。世界中で毎日新技術が開発されている。これは新しいスポーツ文化だよね。たとえばサッカー教室や野球教室で2年間毎日新しい技術なんて教えてくれないでしょう。そんなに技術の量がないから。

中井　そうですね、はい。

増田　俺もどうしてこんなに技術が進むのかわからなかったんだけど、柔術ジムに通いはじめて、技術優先の考え方からきてるんじゃないかと気づいた。たとえば最初のころ「普段のスパーリングは7割ぐらいの力でやってください」って言われて、その意味がわからなかった。俺なんかは柔道出身だからフルパワーのガチガチでやるから、そうすると相手の技も受けないで、自分はもうガチッと相手のガードのなかに入って守ってる。「増田さん、5分間何やってるんですか」って笑われて。技を覚えなきゃいけないのにどうしてガチガチに守ってるんですかって。「こっちも技を試して、相手のも受けながら、さっきドリルで研究でやったことをお互いに試し合ってください。それではいつまで経っても技を覚えられないですよ」と。柔道選手はもうその日の乱取りで強い先輩に取られなければ「ああ、よかった」っていう、これを何年も何万本も繰り返しやって、立技の練度に比べると寝技乱取りの時間を無駄にしてる部分もあると思う。ともかくパワーはすごい。筋肉もすごい。柔道家の裸を見ると、背中とか脇まわりとか筋肉がすごい。すごくパワフルで寝技も強い。だけど引退したあと、それを技術書にフィードバックしづらい。それがパワーに裏打ちされた技術だったらとくにそうかも。そういうのは木村政彦先生も自伝で書いてるよね。柔道家の寝技が理論的じゃないっていうことを。

中井　ああ、書かれてましたね。

増田　もちろん理論的な先生もたくさんおられて、柏崎克彦先生（1981年マーストリヒト世界柔道選手権65キロ級金メダリスト。国際武道大学教授）とか元谷金次郎先生（全日本選手権準優勝の寝技の強豪。「元谷返し」の開発者。現在大阪府警）とか酒井英幸先生（古賀稔彦の最大のライバルとして活躍した寝技の強豪。筑波大出身、現在は自衛隊体育学校教官）とか、それから中村兼三先生（1996年アトランタ五輪71キロ級金メダリスト。寝技師としてならした中村三兄弟の三男）とかいるんだけど、こういった先生方は例外として、技術を理論的に残している先生が、あくまで柔術と比較してだけど少ない。柔道の場合、投技はすごく理論化、体系化されてるんだけど、投げに比べると寝技の理論を積みかさねて残してこなかったという部分があるよね。だから投げに比べて寝技技術の細かい部分の蓄積があまりなくて、寝技師の技術が一代か二代で途絶えてしまっていた。すごくもったいない。柔道家の寝技もすごく強いのに。やっぱり寝技の研究と寝技打ち込み、ドリルや軽いスパーが少ないからなのかな。俺は強い選手でもなんでもなかったので、わからないところもあるんだけど、中井はどう思う？

中井　柔術ではグラウンド、寝技とかは、自分のオリジナルなものをつくれる要素が大きいんですよ。動きがどちらかというとゆっくりしてるので、自分の考えを入れて、自分の理論をつくることができる。寝技はひとり一流なんですよね。ブラジリアン柔術とかみんな似てるように見えるかもしれないけど、みんな違う。そういったものを柔術をやってる人は結構理屈っぽいですから、理論づけて発表することもできるし、さらにいまは膨大な試合動画だとかをネットで見られるようになってるので、それでクローズガード（柔道でいう胴がらみの体勢）の解き方とかデラヒーバ（柔術の寝技技術の1つ）とかベリンボロ（やはり柔術技術の1つ）を知らないとは言わせませんけどっていう話なんですよ。だってこれだけあるんだから。

増田　入門して3カ月しか経ってない人が、柔道を10年ぐらいやってる人と同じぐらい寝技技術を知ってる。こんなこと俺が言うと怒られちゃうけど、それぐらい理論的に毎日違ういろんな技術、毎日3つから4つ、先生が細かく「これはここで、こっちに来てからこうして、手首をこの角度でこうすると」っていうふうに、1つずつ1つずつ、すごい複雑な技をステップ式に細かく教えてくれる。こうした技術のスピード進化は、ネット上のYouTubeだとか情報が発達したっていうことも追い風になってるんだよね。

中井　それは追い風ですよね。間違いなく。活かせるものは全部活かすべきだと思います。

柔道人口減少と町道場文化の復活

増田　柔道の競技人口が減ってきているということに関してはどう思う？　中学とか高校の

柔道部が減ってきてること。社会性を身に付けたり、いろんな意味で学校スポーツって素晴らしいのに、柔道だけじゃなく他の部も減りつつあるって聞いてるけども。これは日本人全体の文化が変わりつつあるからなのかな……。

中井　体育って学校でやること自体が難しいんだろうなと思うんですよ。究極はもう、スポーツはスポーツであって、楽しむものだと思うんですよ、僕は。

増田　命がけのＶＴＪ95を戦った中井が「楽しむもの」って言うと説得力あるよね。

中井　学校スポーツは学校の名前を背負って戦って一体感を得られるものですけど、でも結局それで勝つ方向に向かっていって、勝てば指導者の名前も上がっていく。そうするとさらにどんどん勝たせるために、もっときつくしていって、いろんな歪みが起きてしまう。もちろん勝つこと自体は尊いし、その努力は尊いことなんですけど、終わったあとに結局……。野球とかはまだいいですよ。次にプロがありますから。プロがその先にあるものはいいんですけど、そうでないもの、柔道はプロ柔道があるわけじゃないし、学生のときに強かった人はいいけど、そうじゃなくてやらされた人は苦しいだけになっちゃうと思うんです。だったらより工夫して、全員出れるような、レギュラーしか出れないとかじゃなくて、そういうものにしないと。

増田　15人の大人数で戦う七帝戦のようにね。あれだと4年間のうちにみんなが出れる。

中井　はい。ああいうのがあればいいんですけど、普通の柔道の団体戦は中学・高校が５人、大学で７人しか出れない。そうするとどうしても……。僕がパラエストラを開いたときに思ったのは、世界チャンピオンクラスと一般人とか子供とかが同じところでやってるっていう図だったんです。欧米とかのクラブはそういったものだって聞いてたので、だったらそれに近いものにするべきだろうと。だからうちは町道場というスタンスはいまも崩してないです
し。

増田　柔道界、剣道界にあった「町道場」っていうフォーマットは、かつて非常に栄えた時代があった。松原隆一郎先生によると、バブルのときに、銭湯と柔道場、剣道場がどんどん潰されてしまったらしい。それで東京の銭湯、町道場が激減したと。地上げで物理的に撤去されてビルが建っちゃった。

中井　仰ってましたね。

増田　もう1つは、やはり柔道場はボランティアに近い形でやってたので、バブルのときの外部のビジネス合戦の波と戦えなかったというのもあるかもしれない。『eJudo』の古田さん（古田英毅編集長）と話したときに仰ってたのは、どうやら2000円や3000円でも柔道場が指導料を取ると「あそこは金儲けに走ってる」って陰口を言われる風潮が長く続いてきたらしいんだよ。古田さんは心底柔道を愛していて柔道界の現場に非常に詳しい方で、俺は話を聞いて「ああ、現場はそういう状況なんだ」っていうふうに驚いた。いろんな話を聞いてると。現場はご飯が食べれない状況なんだと。それをなんとか先生方が報われるような方向にならないかと。これってやっぱり牛島辰熊先生と木村政彦先生がプロ柔道で非難されて以来のことで。

中井　はい。そういう感じだそうですね。

増田　他のスポーツや書道なんかと同じように取ってもいいはずなのに、「みんなボランティアでやってるのに、あそこは指導料を取ってる」って中傷されるらしいんだ。やっぱりプロ柔道のあのときの古傷があるのかな。わからない。

中井　武道は綺麗なものだからお金を取っちゃいけないとかあるんですよ。柔道は特に。空手は柔道から比べるとマイナー武道からスタートしたのでまたちょっと違うんですけど。ブームがきたのが昭和50年前後からですからね。新しい。

増田　うん。空手は『空手バカ一代』（1971年から『少年マガジン』で連載された大山倍達の伝記漫画。梶原一騎原作で空手の大ブームを巻き起こした）以降からだから。一方の柔道は戦前戦後と連綿とブームが続いていたんで、過去の因習も継いでしまってるのかな。そういう意味では空手のほうが進んでるし、環境がいい。柔道の町道場の世界には、一生懸命指導してくださっている先生方が報われない現状がある。昭和の町道場カルチャーっていうのは、柔整（柔道整復師。昔でいういわゆる「骨接ぎ」「接骨師」）をやりながら道場を併設してた先生が多いんだよね。柔整で生活の糧を得て、柔道はボランティアで教えると。あるいはサラリーマンをやって、夜は実家の柔道場を継いで教えていると。そういうのが根付いちゃった。

中井　はい。

増田　だからお金を少しでも取ると陰でいろいろ言われた時代が長かったし、習い事として成り立つような指導料が取りにくいらしい。でも極真空手でもブラジリアン柔術でもボクシングでも、いまは月謝9000円なり1万円くらいが相場だよね。書道でも絵画教室でも茶道でも華道でも本格的な教室はみんなそう。それなのに柔道が2000円とか3000円だけでも取ったら「あそこは金を取るのか」って言われてしまう。それでは現場の先生方が報われない。それだけでご飯が食べられないから他の仕事もフルタイムでして、くたくたになって夜や休みの日を返上して教えてくださっている。そういう先生方が柔道の指導に専念できるような環境を整えないと。

中井　そうですね。

増田　他のジャンルのシステムも学ばなきゃいけないかもしれない。

中井　やっぱりそれに見合うものを提供しないといけないですからね。

増田　そう。努力しないと。

中井　はい。

増田　ボランティアで教えてる先生方が悪いわけではもちろんないです。むしろ先生方は被害者だよね、心ない風潮の。一生懸命指導してくださって日本の柔道界を支えてくださっている、そういった滅私の先生方が報われないのは寂しい。報われるというのは別に金持ちになるとかじゃないよ。そうじゃなくてせめて指導に打ち込めるだけの生活の糧が得られる仕事っていうのは、どんなサラリーマンだろうと自営業だろうと、それがないと安心して打ち込めない。家族が路頭に迷ってしまうから。

中井　そうなんですよね。

増田　いま学校運動部のフォーマットが崩壊しつつあるなかで、受け皿となるべき町道場も少ないっていう現状で、じゃあ、どうするのっていったら、やっぱりブラジリアン柔術や極真空手のフォーマットを見習わないと。これは特にお母さんたちと話すとよくわかるんだけど、家庭ってやっぱりお母さんたちが財布握ってて、5000円でも1万円でもすごく大きいんだよね。それを子供のために学習塾に払うのか、子供のテニス教室やゴルフ教室に払うのか、あるいは柔道に払うのかってていったときに、女の人たちの目って厳しいから。そのときに極真空手にもブラジリアン柔術にも負けない状況を作らないと、お母さんたちがお金を出してくれない。そこに柔道が入っていくのに、他の習い事の教室との競争に打ち勝てない。そういう意味で『eJudo』の古田さんが仰ってて僕もなるほどと思ったんだけど、全柔連が主導して「柔道場や柔道教室はいくら以上取ってください」って取り決めを作って言わないと、この状況って無くならないのかもしれない。

中井　そうですね。そういうふうに改革をやるべきでしょうね。

増田　「月謝は最低5000円以上にしてください」と。それでいったんは生徒は減ると思うよ。減るとは思うけど、そこからまた増やさないと。

中井　そう思いますね。柔道が強くなるやり方はいろいろあって、町道場がそのうちの1つであっていいと思うんですよ。違うものもあっていいと思うんです。たとえば高校で柔道部に入ってないんだけど、高校生で柔道をやりたいっていう人をどう受け入れているのか僕はわからないですけど、そういった人も参入できるようなものがあったほうがいいと思います。

増田　東大の田上君《たのうえ》（田上創）なんかはそうだよね。都立戸山高校で柔道部員1人で、マイペースで練習してインターハイ100キロ超級2位になって、大旋風を巻き起こした。いま東大に入って、柔道部員ですが、やっぱり強い。

中井　そういうのも受け入れていくべきだと思うし、その受け皿としては町道場だったり、町道場って別に柔道場じゃなくて僕らのような格闘技の道場でもいいので、やっぱりそういうところからも出られるようになれるといいですよね。僕らはそうやってます。

増田　受験に例えると、開成高校や灘高校に行かなくても東大に入れる道がいくつもあるわけだよ。それは日本のスポーツにもあって、かつての日本のスポーツのあり方って、受験システムの似姿だったわけだよ。学校スポーツがあって、人がひしめきあって、受験のようにとんでもない数の子供たちが小学校・中学校・高校・大学の運動部に所属してその生き残り競争に参戦して、そのトップに野球ならプロ野球、柔道なら五輪があった。でも、そのトーナメントの外、つまり町道場文化が昔のように元気になってくれると、もっと日本のスポーツが豊潤なものになる。町道場に元気になってほしいよね。

中井　そうですね。それこそ古賀（稔彦）さんとか吉田（秀彦）さんとか小川（直也）さんのような人が柔道の町道場をやるような時代になったわけじゃないですか。「柔道の町道場なんて人が来ないからペイしない」なんて言われてたけど、僕らが町道場を開いていって、そしたら有名な柔道家の名前をつけた道場ができたりするようなことになったので。

増田　それは間違いなく柔術から影響を受けたんだよね。

中井　はい。だから、より活性化させたいですよね。少年柔道の先生方も知り合いでたくさんいますし、そういった方は「柔術の試合にも出す」っていって出してくれる先生もいるので、これからいろんな交流を期待したいですよね。

日本の出稽古文化を絶やすな

増田　他の道場へ出かけて練習させてもらう出稽古文化っていうのは、ブラジルとかアメリカにもあるのかな？

中井　出稽古はブラジリアン柔術はあんまりないですね。チーム感が強すぎて1個1個の道場が家族みたいなので、他のところに行ったり移ったりすると、もう「やっちまえ！」じゃないですけど、すごいんですよ。たとえば試合で当たったりすると冷静な先生が本当に「おい、ぶっ殺せ！」みたいな勢いになったりするぐらい。そのぶん絆が強いんですが、それぐらいチーム感があるので、道場を渡り歩いたりするっていうのはないんです。基本ご法度なんですね。

増田　じゃあ出稽古文化というのは、日本の柔道界と剣道界に特有のものなのかな。

中井　僕は日本は出稽古の国だと思ってるんです。

増田　日本ブラジリアン柔術連盟トップの立場にありながら、中井は積極的に筑波大柔道部とかそういう強豪チームに行ってやってたけど。

中井　僕は学びたいものがあったら行くっていうのでいいんじゃないかと思っています。問題があれば行きませんけど、受け入れてくれるんだったら行こうと思ってて。それは日本のある意味強みだと思うので。だからパラエストラも最初はビジター料みたいなものを設けて、ビジター料はかかるけど誰でも受け入れるっていうふうにしています。

増田　それは中井が日本の柔道から取り入れたの？

中井　そうですね。出稽古は、ルスカ（ウィレム・ルスカ）の言葉で「柔道が強くなるには毎日違う相手とやることだよ」っていうのがあって、『近代柔道』のインタビューですけどそれを僕は壁に貼ってた。彼は「柔道はとにかく毎日違うところに行って練習して、それが一番強くなる」って言い当ててた。ホームはもちろんあっていいんだけど、やっぱりいつも同じになっちゃうじゃないですか。でも究極は本当はその人の勝負なんですよね。その人の強くなり方だから、やっぱりいつかトップになっちゃったら自分の相手はいなくなるわけですよ。そうなったら、道衣を脱いでレスリングに行くわ、あるいは他へ行くわ、自分をもっと向上させてくれるところ、自分をボコボコにしてくれるところに行くべきなんですよ。

増田　それは木村政彦先生も同じことを仰ってるよね。自分以外頼れないところへ１人で行けと。牛島先生も同じことを仰ってる。

中井　はい。それはやっぱり大事なので、僕の側もなるべく出稽古の受け入れには心を砕いてきたつもりです。

増田　そういう意味で、日本のブラジリアン柔術っていうのは、中井がブラジルから移植したものだけど、そこに中井流の考えも入れた独自の柔術なんだよね。

中井 そうかもしれないですね。いまの日本の柔術ジムのなかにはそうじゃないところも出てきて、出稽古は受け入れませんとか、行くのも禁止するところもあるんですよ。それはその道場の哲学だから、それは僕はいいと思ってるんですよ。全然他とは交わりませんとか、うちの技がばれるしとかいってるのもあるんですよ。でも僕はそれは自分とは違うと思うだけで、全然OKだと思うんです。いろんなものを認めないとだめなんですよ。

増田 さっきも言ったけど、中井が格闘技界でやってるのは放流漁業って松原隆一郎先生が仰ってた。

中井 はい。言われました。

増田 他の格闘技とかジム、道場っていうのは、日本っていうのは養殖漁業のところがあったけども、中井は全部放流してしまう。青木真也も北岡悟も、普通だったら「俺が育てたんだ」って自分のところに置いておいて使うけども、彼らが別の場所へ行くのもむしろバックアップしていく。それで他の人たちにもパラエストラっていうジム名もどんどんどんどん使わせて、そうすることによってパラエストラ以外のところも全国に何万人っていう競技人口ができてきた。ツクシが出るように、タケノコが出るように育ってきたイメージが。

中井 そうですね。やっぱりルーツは七帝なんですよ。七帝柔道やってる7大学、北大柔道部もそうですけど、結局素人で入った人間をどう強くするかっていうことに心を砕いている。僕はこのやり方をいまの格闘技界に応用してるだけなんですよね。だって、教えたら本当に何もやってなかった人が伸びるので。七帝柔道はチームスポーツなのでまた違う部分もあるんですけど、それを格闘技の目を通したときに、エンセン（エンセン井上）が持ち込んだブラジリアン柔術の楽しい授業とか、ああいったものを見たときに、「ああ、やっぱり全然違うやり方もあるんだな」と。格闘技ってそれまで、僕がシューティングに入った頃もそうですけど、強い人を鍛えてさらに強い人をつくるものだったんですよ。

増田　虎の穴だよね。

中井　はい。僕、『希望の格闘技』にも書いたんですけど、入った頃にやっと週2回、教える時間ができたんですよ。その前は全部フリー練習だったんですよね。それで強くなりたいっていう気持ちが見えたやつだけ教える、みたいな感じだった。でもそうじゃなくて、スクーリングっていって週2回その時間ができた。それをさらに週3回にしたり毎日にしたのは、僕なんです。

増田　改革した。

中井　はい。毎日教える時間、クラスを作った。

増田　さっきも少し話に出た、格闘技界で都市伝説のようになってる、中井祐樹がシューティング創始者のタイガーマスク、佐山聡先生に「殴ってください」って直訴したのは本当なの？

中井　はい。「先生、合宿やらないんですか」って「僕にもああやって厳しくしてください。殴ってください。お願いします」というふうに事あるごとに言ってましたね。

増田　当時は怖かったんだよね、佐山先生は。

中井　ただ先生も1期生2期生をつくって、やっぱり燃え尽きてたんですよね。

増田　中井は何期生になるの？

中井　期はよくわからないです。

増田　シューティングができたのが中井が大学のとき、3年生ぐらいのときか。

中井　80年代末に入った初代シューター（シューティングをやっている選手をシューターという。**修斗と名前が変わったいまも同じように呼ばれる**）と言われる、佐山先生が最初に認定した15人から20人ぐらいの人がいるんですけど、その人たちとやっぱりギャップがあるんですよね。すごい厳しくしてたと思うんですよ。そのあと90年前後入門ぐらいの人と、僕は92年なので、言ってみれば第3世代みたいな感じだと思うんですけど。第2期の人たちはちょっとそことは違うものと見られていることもあった。ましてや僕らそれよりもあとに来た人たちは、先生もビシバシやってなかったですし、僕はときどき雷落としてくれるとありがたかったので、合宿とかもぜひやってほしいっていう感じで言ってました。やっとやってもらったのが、グレイシー襲来後ですね。復活させるっていって。

柔道ルールはここまで変わった

増田　よくマスコミで柔道のルールが変わったと報じられるけど、実際に何がどれくらい変わったのかを一般の人たちは知らない。日本の講道館ルールがガラパゴス化してきた。世界で孤立して、このルールだけが。

中井　国際ルール変わっちゃいましたからね。下半身を触っちゃいけないルールに。

増田　いまの国際ルールでは（ズボンのベルトを持って）ここから下は触っちゃいけなくなった。僕たち経験者が話すと一般の人は「え、そうなんですか！」ってみんなびっくりするけども。試合だけ見てると同じように見えても、別の競技といってもいいくらい大きなルール変更になった。もともと柔道っていうのは〈講道館ルール〉というルールで世界中で行われていた。それがやがて五輪や世界選手権はＩＪＦ（国際柔道連盟、International Judo Federation）ルール、つまり国際ルールで戦われるようになり、日本国内では講道館ルールという2つのルールで選手たちは戦っていた。その差はかつては微細だったからね（増田や中井が北大でやっていた七帝柔道ルールだけは戦前ルールでいまも戦われている）。ところが国際ルールが外国主導で少しずつ変わってきて、さらにＩＪＦで日本理事を外すというような形になったことがあって、追従せざるを得なくなって、全日本選手権も含め、すべての日本国内試合も国際ルールになってきた。国際ルールが変えられるたびに日本もそれに合わせざるを得なくなった。そのなかでもっとも大きなルール変更が下半身を攻撃しちゃいけないルールなんだよね。テレビで観てる人たちはわからないと思うけど、これは違う競技といってもいいくらい大きなルール変更。

中井　それで反則負け。結構ありますね。

増田　石井慧もアメリカで試合して、これ一発で反則負けになった。ＩＪＦとしてはテレビ映えするという意味で、五輪の商業化の流れのなかで柔道競技を五輪のなかに残したいという意味で、投技を決まりやすくしたかったんだよね。だからその思惑通り、決まりやすくなった、内股や払い腰といった大技が。だって掛けられた方が防げないんだよ。

中井 そうですね。見てる分には面白くなったっていう人と、つまらなくなったっていう人もやっぱりいますね。美しい技が消えてしまったとか。返し技とか。

増田 昔の経験者からしたらときどき「これ、何?」って思っちゃうところもある。投げ合いっていう意味では非常に決まりやすくなってる気はする。豪快に、みんな吹っ飛ぶなって。だから見ていてすごく面白くなった。昔は内股とかを掛けられたらすぐ相手の股に手を入れるなり、腰を突き放すなりして防いだ。でもいまは下半身を触っちゃいけないのでそれができなくなった。返し技がいろいろあって、そのなかの攻防があったんだけど、いまの若い選手はそういう時代があったことも知らない世代も出てきてるので違和感はないと思う。若い子は知らないんじゃないかな、昔のルールを。それが普通になってきたのが少し寂しい。柔道ってもっと自由な競技だったたから。

中井 そうですね。

増田 もともと柔道はパンチや蹴りなしで他は何をやってもいいっていう、いわばバーリトゥードというか、ルールなしに近かった。その実戦性、他格闘技と戦って、戦前、前田光世とか木村政彦とかが遅れを取らなかった実戦性っていうのが落ちてるんだよね。

中井 そうだと思いますね。

増田　海外の人たちはそこに憧れたんだけどね、もともとは。柔道の実戦性に。

中井　スポーツとしては本当に普及して、オリンピックのメイン競技であり、いい位置なんですけど。

増田　ますますたとえば総合格闘技に転向っていうのは難しくなっていくよね。

中井　そうですね。

増田　他の格闘技とは戦えない。

中井　そういうものではなくなってしまいましたね。

増田　柔道っていうのは本来すごく強く、実戦的な格闘技なんだけどね。それが変わりつつある。中井は武道にあってスポーツにないものはないと、非常に逆説的な、武道出身者でありながら、そういうことを盛んに言ってるから、スポーツ化っていうこと自体は悪いとは？

中井　全然思いませんよ。武道って言ってるものも、試合があるものは全部スポーツですからね。全部その試合に勝つためにやってるもので、「武道スポーツ」って言えばいいんでしょうけど。武道って言ってるけど別にスポーツと変わりないと僕は思うんですよ。精神性は別に野球でもサッカーでも、先生の思想という意味ではあるはずだし。

増田　同じようにね。子供の躾としてね。それを中井はよく言うよね。

中井　はい。その点では変わりないものだと思ってます。ただ、面白くするために柔道のルールが変わってるっていうのが……。日本の講道館ルール、たとえば全日本選手権まで国際ルールでやるようになって、講道館が標榜してたルールがほぼない。もっと言うとタックルとか朽ち木倒しとか足取り大内とか、七帝柔道、7大学のなかでしか使えない技がたくさんでてきてしまった。そういうのは寂しいなとは思う。講道館がそういう技術を保存していくのが望ましいんじゃないかなと思うし、たくさんある大会のなかには「この大会に関しては講道館ルールでやります」っていうのを謳ってもいいんじゃないのかなと思う。

講道館柔道にプライドを持て

増田　昔の小説やノンフィクションを読むと、すごく講道館流、嘉納流っていうものに誇りを持って、「俺たちは講道館柔道だ」って胸を張ってる。そういうのがなくなってきてる。だから、日本柔道再興への道っていうことを考えると、その講道館中心史観に俺はもっと誇りを持つべきだと思う。あんなすごいフォーマットを嘉納治五郎先生が残してくださったんだから。

中井　はい。そうですね。

増田　中井とか、あと髙阪剛先生とか吉田秀彦先生とかがおられるので、講道館のなかの小道場で打撃ありとかを教えてほしいなって。別にそれは試合をやらなくてもいいよ。講道館護身術として。嘉納治五郎先生はそういうものもやりたかったわけだから。

中井　はい。嘉納史観の思想を残すものはあってもいいんじゃないかなと。

増田　講道館はやっぱり武道団体、格闘技団体であって、競技団体じゃないから、幻想を持たせてほしい。「決して私たちは空手には負けません。サンボにも負けません」っていうような。前の嘉納行光館長（嘉納治五郎の孫）がＰＲＩＤＥが隆盛のときに、誰かが館長に「柔道家があれに出たらどうなりますかね」って聞いたら、「柔道には必殺の当て身があるから大丈夫だ」って。その言葉って講道館としての誇り、プライドだよね。格闘技団体だからそういう言葉が組織員の一体化を支えてきた。空手でも少林寺でもそうだろうし、いまでも「決して負けない、遅れは取らない。実戦になったら」っていうのは必ず言うことなので。それを僕たちの時代はまだまだ「ルールなしになれば柔道だ」とかいろいろ考えてたけど、そういう言葉がだんだん出なくなるのが寂しくなる。もうちょっと修行者に夢を持たせてくれればと思う。吉田秀彦や瀧本誠がＰＲＩＤＥに出てきたときに、リングサイドにたくさん一流選手が観戦に来てた。誰だっけ。国士舘の……。

中井　鈴木桂治ですね。

増田　そうそう。鈴木桂治とか棟田康幸とかリングサイドでみんな興奮して見てた。それはやっぱり自分たちが講道館柔道なんだっていう誇りと一体感なんだよ。柔道の吉田先輩が出るんだから勝ってくれるはずだっていう、その高揚感ってすごく大事だと思う。たとえそれが幻想であってもそういうものが五輪での国民の応援の熱にもなってくると思うので。

中井　そうですね。

増田　講道館がそういうものから眼を背けるのは、嘉納治五郎先生としても寂しいと思う。

中井　はい。

増田　アメリカのプロレスラーのアド・サンテルがもう1人レスラーを連れて来日して講道

館に挑戦したことがある。

中井　ええ。大正時代でしたね。靖国神社で。

増田　大正10年（1921年）だったと思う。それで柔道家が靖国神社で戦ったんだよね。観衆が何万人も集まって。結局、嘉納治五郎先生はその試合の直前に試合に出る門下生を破門したんだよ。いろいろ諫言されて。でも最初は黙認のかたちをとってた。受けて立って勝ってほしいという、やはり武道団体の長としての誇りなんだよね。試合のとき名前のない花輪がいくつかあって、それは講道館の高段者たちからだって言われてたくらい。そういう「うちの技術が一番上だ。うちが一番強い」と思わせてくれるその団体員が共有できる誇りのようなものは、やっぱり欲しいよね。ブラジリアン柔術のジムでも楽しくやってるけど、ときどき強いサンボとか柔道の誰かが道場破りのように来たときに、やっぱり先生が出て取っちゃう、あるいは一番強い現役の選手が関節を極めちゃうっていうところが、若者にはすごくモチベーションになる。

中井　はい。そのとおりですね。そこもやっぱり大事な部分だと思います。

第四章　護身術と、護身的思考

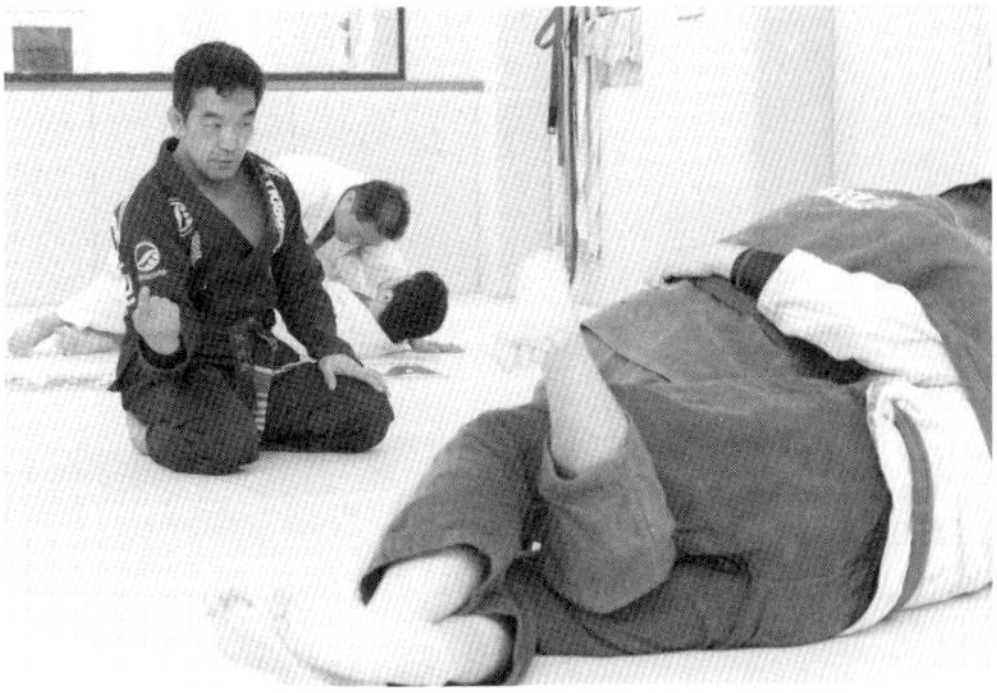

「理想の護身術があるのなら『僕は習いにいきたい』と、公式に言っています」

本当の「護身術」とは何か

増田　格闘技雑誌でのいろんなインタビューをずっと読んできたけど、中井はあまり護身という話をしないよね。というより否定に近いことを言ってる。それには理由があるのかな。

中井　はい。護身に納得がいってないからですね。「これさえやれば護身になります」という説明方法に納得がいっていないからです。

増田　例えばナイフを持った相手との戦い方とか、拳銃の奪い方とか、実際にはそんな風に相手は動かないよ、と。

中井　自分はそこに納得がいっていないんですよ。「こうした方がいいよ」ということに納得がいっていないんです。だから護身に関しては、自分のやり方はありますけど、それを伝えたいとは思っていません、という感じですね。納得のいったものしか伝えたくはないので。「だったら走り込みをした方がいいよ」ってなってしまう。嘘はつけないですよね。他の道場には「一般の人や女の子とかをジムに誘うために『護身術やってます』と言っといた方がいいと思うよ。護身術を打ち出した方がいいよ」とアドバイスはしてますが。

増田　いま、夜中に暴漢に襲われたら、どう対応する？

中井　（苦笑）

増田　まあ、中井を襲うやつはいないだろうけど（笑）。

中井　襲われないですね。えへへへ。

増田　でもシミュレーションとして、中井の顔が知られてないとして襲われたら、やっぱり上手く逃げることを考えるよね。相手を怪我させたら後で大変なことになってしまうから。

中井　はい。どうやってかわして、逃げるか。危ない所にはいかない。

増田　じゃあ、一般人向けに護身を教えるとしたら、どう教える？

中井　護身には僕はいろいろ懐疑的なんです。すべてのシチュエーションを教えるには時間がかかるから。例えばナイフで襲われたらこうして、とあったとしましょう。でも、そのナイフの長さがあとこれぐらいあったらとか、持ち方が逆だったらとか、議論はいくらでもできちゃうわけですよね。それに対してのやり方に僕は意味を感じていないというか。

増田　合気道はどうだろう。女性の護身術として。

中井　それは……（笑）。

増田　疑問がある？

中井　はい。

増田　合気道の一部の流派はあちこちで「女性のための護身術教室」とかやってるよね。そのことで僕も親御さんたちから相談を受けたことが何度かある。「アメリカへ留学する娘がいるんだけど合気道を習わせないと心配なのでどこかに合気道教室はないでしょうか」と。

合気道を1カ月やれば、アメリカ行っても安全だと本気で信じているのがちょっと……心配なんだよね。その本気度が凄く危険に見えて。きっと習う本人もその気になっちゃうんだろうと思う。初めての格闘技が合気道だと、小手返しで投げれるじゃんと。でも、柔道やブラジリアン柔術、あるいは相撲や空手やボクシング、そういったもので本気のリアルスパーをやってみると、そんな付け焼き刃の技術なんてパワーの前に粉砕されることがわかる。そのことに粉砕されてみないと気づかないのに、粉砕される経験がなかなか得られない合気道だけを数カ月やらせて「はい。これで護身はOK」みたいな考えが出るから、すごく危険なことだと思う。

中井　そうですね。

増田　合気道を否定してるわけじゃないよ。俺はむしろいま合気道を習いたいと思ってる。「戦わない」という思想こそ、実は至上のことだとこの歳になって気づいた。素晴らしい武道だと思う。そして合気道のトップの先生方は実戦でも滅茶苦茶強いのも知ってる。でもそういう先生方の血と汗を流して身に付けた何十年の技術と、護身で女性が数カ月習うのとは違うから。だから女性の護身を前面に出すのは危険では……と思うんだよね。

中井　そうですね。

増田　じゃあ合気道じゃなくて柔道や空手を女性が1年やったら護身に役立つかといったら、それもなかなかね……。ゼロではないよ。ゼロではないけど……。

中井　役立たないですね。

増田　護身として適度にやるという姿勢では役立たないね。柔道や空手、ボクシングでも3年か4年やれば、女性もパワーがついてきて役立つ場面が出てくると思う。やっぱり筋肉量、パワーっていうものがあるていど必要なんだよ。

中井　そこを理解しないとっていうことですね。

増田　そう。柔道や空手やボクシングで競技トーナメントを戦って全日本クラスまでいけば軽量級の女性でも滅茶苦茶強いからもちろん役立つ。ただ、そういった選手でもパワーがついてくるというのが大きいんだよ。あるていど格闘技をやった人には10キロの体重差を引っ繰り返すのは難しいってことがわかってくる。男女差は20キロから30キロあるから。アメリカ人男性だったらもっと差が出てくる。48キロの日本人女性がちょっと格闘技を齧《かじ》ったからといって、アメリカ行って格闘技経験はないけどアメフトやバスケットをやっていたという100キロの男性が抱きついてきたときにそれを制することができるかというと……。

中井　はい。

増田　怖いよね。というより勝てないと思う。だから柔道にしても合気道にしても空手にしても「護身に役立ちます」って安易に言うのはすごく危険なことだと思う。「護身」レベルで軽くやってたら本当の強さが身に付いてくるところまでいけないから。柏崎克彦先生（1981年マーストリヒト世界柔道選手権65キロ級金メダリスト。国際武道大学教授）もパワーの大切さを仰ってたけれども、柔道とか柔術は体全体のパワーができるので、技術以前にだよ、体全体、体幹のパワーができる、あるいは体力や胆力がついてコミュニケーション能力が高くなるということで、俺は合気道をやるなら柔道やブラジリアン柔術を3年ぐらいやって体が大きいやつとかパワーのある相手の怖さを知っていく、そして自分の弱さを知った方が、逃げられる可能性は高くなるんじゃないかなと思う。本気でアメリカで難から逃れようと思ったら拳銃を持つしかないんじゃないかな。

中井　和良コウイチさんの『ロシアとサンボ』（晋遊舎）にも創始者の筋の考えの違いが出てくるシーンがありますよね。どっちがそっちだったか忘れちゃったんですけど、1人の方はスポーツができてからサンボ・護身をやった方がいいと。もう1人の方は護身をまとめるのがうまいから結局そいつが普及者になってしまったという話が出てきます。

増田　体力とか体の調整能力とか瞬発力とか立ち上がる速さとか、そっちがまずないと。それを楽しく基礎的なところをゲームのなかで練り上げるのが柔道でありグラップリングでありブラジリアン柔術じゃないかな。あと空手やボクシングもすごく実戦的。痛いから。パカーンと興奮する前に当てたらかなり相手は怯むよ。鼻とか折っちゃえば。

中井　ただ、それで怒らせたら……。

増田　そうなんだよ。人間て喧嘩になったら鼻が折れたり歯が折れたくらいでは、興奮していると痛くなくなっちゃうから。だから打撃格闘技だったらできるだけ早くKOしたほうがいい。組技格闘技だったら絞め落とすのが早い。

中井　理想の護身術があるのなら「僕は習いにいきたい」と、公式に言っています。ただ、それが何なのかはわかってないし、パラエストラみたいに気軽に入ってできるわけじゃないだろうから、だから僕はいまだに習いに行くことができないでいますよね。空手も習いたいし、合気道も習いたい。だけど僕みたいな競技団体の長（日本ブラジリアン柔術連盟会長）であり道場・ジム団体の長（パラエストラ東京代表）が他の所に入るというのは基本的に御法度だろうし。ある合気道系の先生には興味を持ってもらって「会いたい」というので会ってサインもした。僕もその流派には興味があるんですけど、入ったら全部やめないといけないんですよ。だから入れないいんですよ。武道は1回どこかに入ったらそこに捧げないといけないものだから。だからパラエストラは武道じゃない、と。

女性に一番適した護身術は

増田　リアルな問題として、やっぱり護身というのはあらゆる人間に必要だからね。

中井　はい。

増田　俺がいま夜にコンビニ行って、途中で5人の不良に中高年狩りにあったとする。「20年前なら相手してやるけど、俺もう体動かないから。準備するまでちょっと待て。体戻すから3年くらい待て」なんて言ってられないからね。

中井　そうですね。

増田　女性はもっと切実で、昔、同年代の女の子と論争になって途中から泣きながら言われたことがある。「増田さん、私は150センチ45キロの体で生きてきたの。夜道で男性とすれ違うときに、自分が150センチ45キロだったら、どれだけ怖いと思う？」って。ああそうなんだなと気づかされた。「夜道だけじゃない。会社でだって常に20センチ30センチ大きい男たちに囲まれて自分の意見を言っていかないといけない状況なのよ。女性にとっては普通に生きるだけで、常に荒くれ者の巨人の国にいる感覚なの。そんなこと考えたことある？」って。たしかに１７６センチの俺からしたら、20センチ大きいといったら１９６センチ、30センチ大きいといったら２０６センチ、そんな人間は滅多にいないわけだから、相撲部屋で関取ばかりの部屋、あるいはアントニオ猪木や坂口征二が選手だったころの新日本プロレスで毎日一緒に暮らしてるようなもんだよ。１５０センチ45キロっていったら男なら小学生の体格だ。つまり小学校時代に夜道を歩く怖さを常に想像してないと、女性の気持ちはわからない。リアルなサイズ差。だから、とくに女性は銃刀法にひっかからないように、あれを持ちましょうこれを持ちましょうって、持ち物を指定するのも護身術だよね。

中井　はい。持つなら傘がいいですよ。

増田　小型サイレンとかね。

中井　短い傘があれば戦えますね。

増田　今日の夜そういった危急の場面に遭遇したらどうするかっていうのは切実な問題だからね。３年後のことだったら、いまから「柔道やりなさい」「柔術やりなさい」「空手やりなさい」「杖道やりなさい」って言えばいいけど、明日起こるかもしれない危険にどう対処するか。そういったリアルな問題からくる需要もあるんだよね。45キロの女性が暴漢男に勝つまでの技術は需要はあるかな。

中井　う〜〜ん（と考え込む）。護身術もやろうかな。疑問はいまでも感じているんですけど、僕なりに教えるやり方もあるかもしれないし。確かに考える余地はあるかもしれませんね。何事も吸収ですし、勉強ですし。考えてみる余地はありそうです。

増田　まあ護身という考えは社会と一番接点があるから、どうしても話題になっちゃうけど。ある意味で柔道と剣道以外の武道団体はみんなそれを標榜しているところがあるよね。

中井　はい、そうですね。

増田　第一章で中井がVTJ95で戦ったクレイグ・ピットマンに苦戦した話が出たけど、あれもね、サイズというのが大きかったから。サイズってすごく大切なんだよね、格闘技は。だから女性だから云々というのではなくて、女性の体格ではと言ったほうがいいかもしれない。

中井　そうですね。

増田　山口香先生（ソウル五輪女子52キロ級銅メダル）でも仰ってた。「体重50キロの私が、たとえ格闘技じゃなくとも他のスポーツで鍛えてる90キロや100キロあるアメリカ人男性を撃退する自信はない」って。50キロだもん。50キロといったら俺が小学校5年生のときの体格だ。小学5年生が大人に勝つのは難しすぎるよ。俺、柔道で傷めた古傷がたくさんあるからときどきマッサージに行くんだけど、自分でもちょっと勉強しようと思って母や妹の背中を揉んだことがある。そしたら筋肉や骨格があまりに小さくて驚いた。構造が違うんだよ、圧倒的に。男のスポーツ選手を揉むときに牛や馬のような筋肉を感じるとしたら、一般女性の背中、肩甲骨の大きさとか腱とか筋肉とか、それこそ鶏ガラぐらいにしか感じられない。それくらい違う。

中井　違いますね。

増田　だから「格闘技やったから大丈夫」みたいに、数カ月齧っただけの女性が幻想のような自信を持っちゃうほうが危ない。やるなら高校や大学の運動部のように毎日何年もかけて練習して筋肉サイズを男性並みにしないと。でもそこまでやりこんだ女性は逆に男性の運動能力の怖さ知ってるから、日常生活で危険をあえて避けるよね。

中井　あとまやかしだと思うのは、格闘技の護身術といっても自分が武器を持つのではないということですよね。徒手には限界があるわけで、武器術を扱わないと武道ではないんですよ。これは僕の武道論に対する答えで、武器術が入らないものが武道であるわけがない。武道というのは武器があってのものだから。だから笑止千万なんですよ。もっと言ったら毒の盛り方とか、薬学的なものだって入るはずですよ。

増田　サラリーマンだったら『孫子』とか『呉子』とか、『五輪書』とかシーザーとかナポレオンとか、そういう方が護身術になるからね。昔の兵法書なんか、そういうものでしょ。小野田少尉とかの後方攪乱とか、陸軍中野学校というのはそういう組織だったからね。最終的には戦車部隊がぶつかる戦場の最前線ではなくて情報戦が勝ちを制すというのは、すでに第二次大戦のときは完全に理解されていた。だからこそナチスドイツも大日本帝国陸軍も、あるいは大英帝国もアメリカのペンタゴンも、情報戦に力を入れていた。

中井　はい。だから技術的なものだけを取り出して護身術ということに、僕は納得いかないんです。それで僕はそれを謳ってこなかったんですけど「護身術を教えます」とは最近はときどき言ってます。中井流でいいのであれば教えますよ、プライベートレッスンで。クラスとしてはやってない。ただ、質問で「この場合どうやって逃げたらいいですか？」と聞かれたら答えます。そういうのはＯＫだな。自分流ですけどね。

体を鍛えておくことの重要性

増田　先日、東京の大森で、仕事帰りのサラリーマンが行きずりの男に飛び蹴りをくらって頭蓋骨骨折の重傷を負った事件があった。こういう事件が話題になると、とっさのときに暴漢の攻撃をさっとかわせたらいいなと、世間の人は思うだろうね。でも大切なのは護身「術」の前に、攻撃をかわす筋肉量、パワー、ステップの力、瞬発力なんだよ。だからラグビーでも野球でもサッカーでも充分護身術になると思う。

中井　そうなんです。そこなんです。体を鍛えておくことが大事。

増田　例えば俺レベルの底辺の柔道経験者でも、つまり旧帝大の平均的柔道部員でも、常に大学４年時のコンディションにしておけば一般人のなかに入ったら強いよ、フィジカル、体力的には。一流柔道家や一流柔術家と比べたらもちろんたいしたことないよ。でも一般人相手なら、体力とパワーがあったから。体力そのものが護身になるから。

中井　ええ。

増田　日本の学校の部活動での スポーツの問題点も指摘してしまったけど、本当のところ俺は部活動大好きなんだ。だから『七帝柔道記』っていう部活動讃歌を書いた。仲間ができるし、体力つけるには日本の部活スポーツはすごくいい。

中井　そのとおりだと思います。

増田　若いころ、北海タイムスという新聞社にいたときの話なんだけど、あそこは金がないから主催行事に若い社員も出してたんだよ。それで冬に「スノーフェスティバル」っていうのをやってた。山の上でねスキー場かなんかの、雪中団体戦みたいの。6人の団体戦でね。そこにタイムス労働組合青年婦人部で出てくれって言われて、俺と極真空手の黒帯の人と、レスリングで国体出てる人と、他に総務局と広告局の普通の女の子2人、そして脳性麻痺の制作局の人、計6人。

中井　それはすごい混成メンバーですね（笑）。

増田　雪中運動会だからたいしたことないだろうと、のこのこ出かけていった。業務命令でね。朝7時に集められて。そしたら他のチームは北海道警特殊部隊とか、札幌市消防局レスキュー部隊、陸上自衛隊真駒内駐屯地レンジャー部隊とか、みんなオレンジ色の服や迷彩服着てごついベルトしてごついブーツ履いて重装備で来てて。こっちはジーンズにダウンジャケットとかスカートはいてたりとか（笑）。

中井　はっはは（笑）。

増田　いろんな競技があって代表を1人ずつ出すのさ。それで雪山の頂上にある旗を走って登って取りに行く競技があって、その競技に俺が出た。それで太腿まである雪をラッセルして山の上までトップで走り上がった。まだ柔道引退したばかりだったのと他の人は重いブーツで俺だけスポーツシューズだったから俺が速くて一番に旗を取ったんだけど、その瞬間、周りからレンジャーや特殊部隊がヘッドスライディングしてきてその旗を横からガシッと持って、立ち上がるやみんなで殴り合いを始めた。「俺が取ったんだ！」って。それで俺は「俺が取ったんだけど」と心のなかでは思いながら「どうぞ。喧嘩で勝った人が持っていってください」って1人で山から下りてきた（笑）。3人でいつまでも殴り合ってるから（笑）。

中井　災難でしたね（笑）。

増田　どうしてこんな話をしたかというと、日本の運動部でバリバリに鍛えている体って、レンジャーや特殊部隊の人たちと変わらないんだよ。それくらい体力的には鍛え込んでる。

中井　たしかにそうですね。

増田　だって毎日何時間も乱取りでガンガン戦う訓練して、ロープを腕だけで何往復も登って、腕立て伏せを何百回もやって、あんなの普通じゃないから。おそらく20歳前後くらいまでしかできない。だからバレー部でもサッカー部でも卓球部でも中学や高校で運動部にいた人は、体力を維持するためのスポーツを続けたほうがいいと思う。いまは学校を卒業しても、気楽に体を鍛えられる、体力を維持できる場所があるよね。せっかく中学や高校で鍛えた体力なんだから、それを何割かでも維持できれば、すごく健康的で護身にも役立つ。俺もこの歳になって柔術を始めて、本当によかったと思っているのはそこなんだ。自分より初心者っぽいサラリーマンとかがやっていると、気楽に始められる。手軽な護身ではなくても、手軽な継続スポーツ、軽い生涯スポーツ、それを始めることが大事なのでは。

中井　練習できないときは歩けばいい、20分でいいから。僕はそう言います。何にもしないよりも、20分歩くだけでもいいよ、と。それでいいんだよと。四股とかスクワットとかプッシュアップ（腕立て伏せ）とか、今日も何十回もやるのはシンドイな、と思ったら1回でもいいよ、と。１回で、なるべくいつも続ける。やらなかった日がないようにすればいいんだよ、と。

増田　そうなんだよね。学生の頃の感覚でスクワットを毎日５００回とか１０００回とかそういった目標たてると面倒になって続かない。だから俺はいま寝る前にスクワットを5回とか10回やったりするけど、５回でもやるのは、20年後の70歳になったときにいまの20パーセントでも太腿の筋肉が残っていて、かくしゃくと歩けるお爺さんになれるかもしれない。少しずつでもやっていれば、何年後かにちゃんと差が出ると思うんだ。

中井　僕はそれは格闘技だと教えてますよ。

増田　学生のときは1年抜けるだけで再開できなくなっちゃうからね。負けるのが怖いから。でも50歳になったいま、20代の子に真剣に勝とうとは思っていないわけで、相手も20パーセントくらいの力で相手してくれるから、僕も楽しんで柔術ができる。もし、いまどこかの大学柔道部に出稽古にいったらボコボコにされる。柔道の部活文化とブラジリアン柔術の町道場文化は、そこに違いがある。入りやすいんだよね、最初のハードルが。だから柔道の町道場も近くにできてほしいな。投技も軽くでいいからやりたい。

中井　ライフワークとしてやってもらう。これが一番大事なんです。できる範囲のことでやるんです。

増田　そんなに無理はしなくてもよくて。足腰が割合しっかりしている70歳になればいいなと。

中井　その考え方は物凄く大事なことだと思いますよ。

増田　でも、これは実は柔術ジムに行くようになってだんだんと身に付けていった考えなんだよね。最初は「若い頃のように体を戻したい」って思ってたけど、それは無理なんだと。でもそれは動かしてみないとわからないから。いま俺は27年落ちの軽自動車に乗ってるんだけど、毎日乗ってないと故障箇所がわからない。バッテリーが弱ってるなとかサスペンションに異音がするとか、そういうことが動かさないとわからない。わかればそこをこつこつ直すことができる。50歳のスポーツってそういうものだと思う。俺は20代の大学時代の自分の1割くらいの体に戻ればそれでいいと思ってる。

中井　はい。

増田　エリオ・グレイシーだって90歳で20代の頃のように現役の人と戦えるわけじゃないからね。でも柔術を続けることによって颯爽とした90歳、かくしゃくとした90歳になれる。会議で息切れすることなく自信をもっていろいろなことが話せる。これでいい。衰えていく速度を遅らせる、これができるところがなかった。気楽にできて気楽に帰れる。途中で勝手に帰ってもいいし。もしそれを学校部活の柔道場でやったらブーイングだからね。

勝敗だけで人生の全体は語れない

増田　そういえば、ある読者が格闘技関係者に「ブラジリアン柔術家には簡単に勝てる」みたいな挑発をしたみたいなんだよ。その格闘技関係者があとで怒って俺に話してきた。「あんなふうに言うこと自体がありえない。リアル格闘技を利用しないでくれ。柔術家に失礼だ。許せない」と。

中井　まぁ、だから護身術というのは僕らの外にあるもの、と思っています。

増田　うん。

中井　そういった話を真剣にするのであればどこの国に住むべきかとか、そういう話になってしまうので。そういう話って面倒くさいでしょ。

増田　俺も木村政彦先生の本を出してから、やたらと論戦を挑まれるんだけども、一番言われるのは「姿三四郎（西郷四郎）と木村政彦が戦ったらどちらが勝ちますか」みたいなこと。「牛島辰熊とだったらどうですか」とか。やたらと言われたんだけど、それは話になりませんと。膨大な数のトーナメントを勝ち上がっていくために磨かれた競技柔道と、まだそれがなくて競技者も少なくて、公開乱取り試合で一対一の戦いしかなかった時代ではレベルが違いすぎると。もちろん、西郷四郎先生たちも強かったんだろうけど。でも何十万人もいる競技者のトーナメント、コンペティションを毎回勝ち上がるための練習をしていた牛島先生や木村先生と比べるのは……。もちろん僕は草創期の強豪の先生方にも同じように敬意を持ってる。でも木村先生や牛島先生、あるいは岡野功先生や山下泰裕先生といった後々のコンペティショントップ、トーナメントトップと比べたら、それは木村先生たちに失礼にあたる。

中井　増田さん、プロレス側からの反論も凄いの出たの知ってます？

増田　『木村政彦はなぜ力道山を殺さなかったのか』の反論本のこと？

中井　はい。

増田　うん。読んだけど。でも俺、「負けたって書いてるじゃん。いいでしょう、もう」って思った。負けたって一番わかってるのは木村先生だと思うよ。木村先生はあの試合、たしかに負けたんだよ。酒も飲んでたし衰えもあるし、一瞬の打撃に対応できなかったし。別に負けたっていいじゃん。

中井　でもああやって書かれるとプロレスファンの逆鱗に触れるというか、あるスイッチを押しちゃうんですね。彼らはもう、それだけは言われたくないんですね。気持ちはわかるけど、現状のことを言っているんであってね。

増田　うん。ある時期、リアルな格闘技がプロレスのシステムに利用されたという歴史をあるていど説明して、そのなかで「プロレスも格闘技もどうでもいい。それより生きてることって素晴らしい。人生って素晴らしいですよ」って書いたのがあの本だから。僕のそういう意図を汲まずに、「そうじゃなくてプロレスのほうが強い」とか「柔道もブラジリアン柔術も弱い」とか言われると、格闘技を真剣にやってる人たちに、やっぱり申し訳ない。ほかにもいろいろあちこちで書かれたりしてるみたいだよ。真剣勝負でも木村は勝てないとか。

中井　はい。いろんなところでいろんな人が言ってますね。

増田　「あそこに、こんなふうに書かれてましたよ」とか教えられることがあるんだけど、でも俺はなんとも思わないんだよ。もう正直言ってどっちでもいいから。「そうかもね」とか、そんな感じ。「負けてもいいじゃん」て。俺、そんなレベルで書いてないから。俺も若いころ柔道で勝ち負けの世界にいたから、この歳になってあの本を書き上げたいま、勝ち負けなんてどうでもよくなってる。正しいか間違っているか、それさえどうでもいい。そのときそのとき、人生なんていろいろあるよ。完全な人間なんていないし、パーフェクトゲームで人生を終えられる人なんて1人もいない。

中井　そのとおりですね。

増田　俺も若いころは悔やみきれないこともたくさんした。街中でのつまらない喧嘩に明け暮れたこともあったし、おかしなことに巻き込まれたことも何度もある。そういったなかでも自分と向き合って生きてきたし、これからも生きていく。生きるってそういうことじゃないかな。とくに若者って間違いをおかすんだよ。失敗するし、勝ったり負けたりとか、そんな隘路《あいろ》に間違って入ってしまうことも多々ある。どこかで書いたけど、あのとき木村先生も力道山も30代の若者だった。でも俺はいま50歳だ。だから若者たちがいつまでも若いときの喧嘩で憎み合ってるのを「もういいだろう。俺がぜんぶ受け止めるから」っておさめる立場にあるんだよね。それがあの本なんだよ。

中井　読めばわかりますよね。

増田　論戦挑まれると、だから疲れちゃう。たとえば小説の世界でも俺、勝とうなんて思ってないんだよね。こつこつと自分が生きている間に書いていこうと。そして自分の死後も少しでも読者がこの作品で救われるような、そんなものを残していければなとか、そういう考え。いかに人を苦しみから救えるか。活字離れの時代に小説で食っていくのは大変だから一生懸命はやる。若い作家さんたちのためにも年寄りの僕たちがいろいろ切り拓くために頑張らなきゃいけないのでやれることはやるけど、でも勝ち負けではとらえていない。無益な勝ち負けのなかで時間を費やすには人生は短すぎるから。

中井　そうですね。

増田　もちろん今日この本で話しているような若者たち、現役のスポーツ選手ね、彼ら彼女らは勝利を目指して一生懸命日々を過ごしてほしい。そのための中井祐樹の言葉がたくさん詰まった本だから。でもスポーツ選手も現役を引退した後、その後も人生が続く。体が衰えていったあとの人生もある。

中井　そのとおりですね。

増田　だから中井は柔術や柔道、ＭＭＡ（総合格闘技）、あらゆる格闘技をたんなるスポーツや武道としてはとらえてなくて、生き方や思索のツール、あるいは生き方そのものだととらえているんだよね。

中井　はい。まったくそのとおりです。

増田　ブラジリアン柔術の普及活動も、パラエストラの運営も、すべて生き方そのものなんだよね。というより中井祐樹イコール格闘技そのものなんだよ。中井は格闘技、格闘技は中井、それくらいの生き方だから。

中井　ありがとうございます。

増田　中井の存在そのものが「いろいろあるんだよ、人生なんて。でも頑張ろう」っていう気にさせてくれる。昭和29年のプロレスの勝ち負けがどうしたのってことさ。あの1試合で木村先生を語らないでほしいんだよ。人生ってもっと奥行きや深みがあるものだと思う。木村先生や力道山だけじゃなく、誰だって悔恨や原罪を抱えながら自分と向き合って生きていくものだよ。そこに人生の奥行きや深みのようなものが生まれるんだと思う。中井だってVTJ95で失明したことを「神様からのプレゼント」だってどこかで発言していたよね？

中井　はい。

増田　人生に無駄な事は何もない。中井の人生がそうだったように、俺の人生だってそう。若いころ薄給の北海タイムスにいたことも、後に体調を崩して倒れたことも、全部楽しい人生なんだよ。あらゆる人に同じように人生がある。木村先生も、晩年の雑誌で、「プロレスラーになって世界のいろいろな所へ行けたし良かった」って言ってたけど、あれも一面の本音だと思うんだよ。当時は海外なんて簡単に行けないんだから。そんな時代に欧州や北米、中南米にも行った。苦しいこともあったけど、でも、晩年「プロレスやってよかった」って。それも本音だよ。間違いなく。

中井　そうですね。
増田　なんだかんだ言っても、木村先生と力道山て気が合うと思うんだ。2人とも傑物だし理解されずにいたから、心通じるものがあるんじゃないかな。孤高の虎なんだよね、力道山も木村先生も。今頃、向こうでうまくやってると思うよ。牛島先生の奥様も103歳で大往生ですからね。ここ何年か相次いだね。木村先生の奥様も亡くなられたし……。
中井　昭和がだんだんと遠くなっていきますね。
増田　ほんとに時間の流れは速いね。

人間的強さを身に付ける最適の方法

増田　今回のこの本は一般層にも届くと思うんだ。昔は元格闘家って怖くてヤバいイメージがあったけど、それを中井が払拭してくれた。パラエストラというフォーマットを作って、元格闘家たちに希望を与えてくれたと思う。明るいイメージを。
中井　ありがとうございます。
増田　その流れのなかで僕もいま、柔術を自分のペースでゆっくりだけど楽しませてもらっている。5年前の東北の地震と津波を見て思ったんだけど、ああいう危急のときに、50代っていったら指導的立場に立たないといけない。津波が来たといったら老人を背負い、子供を抱きかかえなければいけない。なんかあったときに、体力ありません、息あがりましたじゃ、だめなんだよ。突出したものは必要ないよ。ただ、動ける体じゃないと。

中井　そうそう。絶対に体力なんですよ。絶対、フィジカルなんですよ。
増田　辛い、までやる必要はない。「楽しい」と思ってやれるかどうかだよね。
中井　人間、基本は立技《たちわざ》ですから、歩くだけでもいいんです。グラウンドは非常事態ですから。
増田　柔道もね、総合格闘技で使いづらいとか言われるけど腰とか足とかバランスとか、歳とってからの生涯全体をイメージして考えると、足腰強いというのは凄い財産だからね。バランス良くて倒れないとか。
中井　人間が寝てる時間は生涯の3分の1。だから寝技は3分の1でいいんですよ。もっと言うと立ってる時間と比べれば、まぁ半々くらい。立技と寝技って半々なんですよ。立技があって寝技が生きるし、寝技があって立技が生きる。だから立技と寝技って分けて考える必要もないくらい。
増田　中井はよくそれを言うよね。嘉納治五郎先生が仰ってたことと同じ。
中井　はい。僕自身「立技」「寝技」という言葉を一般には何年も使ってませんからね。寝技と聞くと、寝てやるものだと思われてしまうので。上で寝かせる技は寝技なのか、立ちでも寝でもないと思うし。
増田　うんうん。
中井　ブラジリアン柔術に弱点があるとすればブラジリアン柔術のルールのことだけしか考えなくなること。昔から言ってるんですけど。ブラジリアン柔術のルールに則ったものが柔術だと9割の人が思い込んでいるんですよね。「あ〜、普及して失敗しちゃったな」と思いますね。すごく良かったけど洗脳しちゃったなと。ブラジリアン柔術しか考えられない人を作っちゃったなとは思ってます。それへのアンチはありますね。これからの図を描くときに、柔道も同時にやろうね、と言い続けないと。

増田　なるほど。面白いね。中井が言うと説得力が違う。

中井　寝技だけやってると腹筋と背筋のバランスを崩して腰を痛める人とか出てきちゃうんですよ。なんだかんだいっても、増田さんは立技をやってたから50歳のいまもできているわけで。グラウンドしかやらなかった人だったらできないですから。それこそ地引網引いてましたとか、馬に乗ってましたとか、リヤカー引いてましたとか、そういう人でないと残れない可能性があるんですよ。だから僕途中から「寝技」って言わなくなったり「グラップリング」って言わなくなったり。そういう言葉の調整を微妙に、いっぱいやってるんですよね。

増田　へえ。なるほどね。

中井　物凄く下からのグラウンドがうまかった子が、腰痛めて何人も挫折していくのを見ているんですよ。そのときに僕はすごく落ち込んで「こんな崩れ方するんだったらやらせなければよかった」と思って。腰が柔らかいけど、腰痛がすべり症になってしまって。

増田　あれはきついらしいからね。

中井　だから下のポジションになるのがどれだけ好きでも、教え方を常に考えていかないとだめなんですね。体育としてのジレンマというのかな。勝たせるための指導とは違うんでね。

だからいまやってる人たちが20年後どうなってしまうのか、それは心配ですね。だからやっぱり立技もやらないと。柔道もやってほしい。

増田　二十数年前にエリオを中心にグレイシー一族が言っていたことが含蓄のある言葉だったんだなというのがたくさんあるよね。生き残る、負けなければいいとか、時間無制限なら負けないとか。それ負け惜しみでしょと言ってた人もいたけど。

中井　95歳まで生きれるかって話ですよね。他の格闘家たちが。

増田　そう。健康ほど大切なものはないよ。

中井　そうですね。健康ほど大切なものはないです。

増田　格闘技界で30歳過ぎても凄いのを証明したのはヒクソンで、最初来たとき35歳で、柔道界なら引退してもう何年というレベルだよね。山下泰裕先生が28歳で引退だから。それを見たときに驚いた。船木誠勝（プロレスラー。ヒクソンが戦った最後の相手）とやったとき、40歳だったもんね。その歳でも全然できるんだよ。やり方によっては。

中井　リアルにプロ格闘技やったのが、いま一番上で50代前半じゃないですか。これからランディ・クートゥアとか、その辺の人達がどうなっていくかですよね。

増田　だんだん歳を取ると、あれが真実だったんだって発見があるよね。植芝盛平先生（合気道開祖）とか塩田剛三先生（植芝の高弟だった伝説の合気道家）が「戦わないのが合気道だ」って「なんだそりゃ？」って昔はバカにしてたけど、戦わないほど強いことはないし、相手を許すことほど強い者はいない。塩田先生は「自分を刺し殺しに来た相手と握手をすることが一番強い」。僕もそう思えるようになってきた。人を認める力っていうのが一番だよ。

中井　たしかにそうですね。それも武道なんですよ。肉体の動き、技術だけじゃなくて、心のあり方も武道なんです。

増田　ヒクソンと中井は同じような感じがする。においというか。ヒクソンも威圧しない。相手を。凄く柔らかい。近くで会っても強さを感じさせない。威圧しないんだよ。

中井　ありがとうございます。増田さんもすごく柔らかいと思います。すでに現役ではなく、戦ってもいない増田さんの「強さ」というのは「達観」からきているのでしょうか。

増田　作家だからね。なんかおかしなことに巻き込まれても観察者の眼も持ってるから相手を観察してると面白いし、小説のモチーフにしたらこの人面白いなと思って見てる。歳くって柔らかくなったし、体壊したりもしたし、弱者の視点をもともと持ってるし。逆説的だけど、衰えて弱く柔らかくなったから、強い時代より強くなれたと思うな。若いときは体も心も強くて堅くてパワフルだった。でも強すぎて脆かったんじゃないかな。

中井　正鵠を射る話ですね。

増田　最近は中高年も「キレる」というキーワードが多いね。些細なことでキレて、傷害事件や殺人事件に発展してしまうこともある。一時の感情に任せてキレてしまうというか、日本人そのものがイライラしているというか、駅でのトラブル、車内暴力、こうしたことは心の弱さの裏返しだと思うな。

中井　まったくそのとおりですね。自分のあり方に自信がないからイライラしてしまう。

増田　牛島辰熊先生の遺品で絶筆に《忍》っていう書をいただいた。若い頃の墨痕鮮やかな書と違って晩年のものなので細くて震えてる字なんだけど、でもこの《忍》の書には感銘を受けた。岩釣兼生先生（木村政彦の最強の愛弟子）の最期の筆も《仲良く》だから。あんなごつい先生が《仲良く》と書いてる場面を想像しただけでも心が温かくなる。全日本チャンピオンになった人が書く言葉として本当に素晴らしいと思う。仲良くって柔術の思想だけど、もとをただせば柔道の思想だよね。

中井　そうですね。

増田　だからね。俺も50歳になって、いまいろいろ考えると、合気道という武道はきちんとその思想や運足を学んでいけば、すごく護身になる武道だと思うんだ。「戦わない」という思想ほどすごいものはない。だから俺はいま、すごく合気道を習いたいんだ。合気道の凄みが、この歳になってわかってきた。さっき言ってた「合気道を護身として女性に学ばせることの危険」という言葉と矛盾するように聞こえるかもしれないけど、本当のところ矛盾してないんだ。しっかり長く修行していけば、合気道は最高の武道の1つだと思う。柔道や柔術、空手やボクシングといった格闘技とは方向性は違うよ。でも、若いときの方向が違っても、年齢がいって最終的に「戦わない」という同じ境地に行くんじゃないかな。

中井　はい。

増田　昔から武道ではよく言うよね。「鞘におさめて刀を抜かない。でも刀を磨いておけ」と。柔道でも剣道でも空手でも、僕らが若い頃は先生たちはみんな同じことを仰ってた。当時は実感としてよくわからなかったけど、いまになると、柔道や空手っていうリアルな格闘技でも、鞘を抜かないために刀を磨くっていうことの意味がわかるようになってきた。稽古中に人の痛みを知って、相手を慮る訓練を積む。それが格闘技、武道なんだよね。

強豪校の入口に立てる七帝柔道

増田　いまあらためて七帝柔道の「白帯から始めて4年間で強くする」という思想は、すごく一般社会に寄り添った考えだと思う。寝技への引き込みが許されていて、高校時代にインターハイで上位進出した立技の強い相手にも、白帯から始めた部員が対抗できるっていう努力が才能を封じ込めることができるというフォーマットが、7大学のフィジカルの弱い選手たちにはたまらないところがあるんだよね。白帯から始めた中井が2年生か3年生のとき七帝戦で京大のインターハイ3位の選手を簡単に抑え込んでしまったからね。それと15人の団体戦から芽生えるチームワーク。

中井　寝技っていうのは強くなるシステムを順を踏んで覚えることができますから、スポーツやってなかった人が引き分けたりという達成感がありますからね。あとはチームワークですね。

増田　『七帝柔道記』の読者の感想を読んで一番ジンときたのは体育会に所属したことがなくて、体育会の人間が嫌いだったという人の感想。中学高校大学と体育会には縁がなく、自分はそこに属する人たちの横暴ぶりが嫌だったと。廊下を泥だらけのユニフォームで歩いたり、授業中も平気で寝ていたりとか、そういうのが嫌だったと。でも、この本を読んで「着替える暇もないくらい疲れてたんだな」とか「こんなに練習してるんだからもっと寝させてあげればよかった」とか、そういうふうに思ったと。そして「いま改めて振り返ると、実は自分はあの人たちを嫌っていたんではなくて、あの人たちみたいに見返りのないものに一心に打ち込める学生生活を送りたいと憧れていたんじゃないか」と。

中井　ああ、それはジンときますね。

増田　スポーツ未経験者が大学に入ってからでも始められるのがあのシステムで、国士舘や天理大のようなトップ強豪校の柔道部のようにはいかないけれど、入口の所には立てるんだよね。

中井　そうなんです。未経験者が強豪の入口のところにまでいけるのがすごいですよね。

増田　寝技の研究時間を割いてるからね。そういえば技研（技の研究会）なんかでは戦前の高専柔道時代のOBが「絞技を鍛えるにはこれをやるんだよ」って言って指を空手の抜き手のかたちにしてね、大きな木箱に砂をぎっしり詰めてそこに毎日何千回も突き刺して指先を鍛えてたって言ってた。裸絞め（チョーク）を人差し指と中指の2本でやってたらしいんだよ。手全体を首に入れるより、当然のことだけど2本だけ入れる方が入れやすいからと。ほんとかよと当時は思ったんだけど、後々、スリの人たち、電車のなかとかで財布抜く泥棒ね、彼らも同じように練習してるって聞いて、あ、先輩たちと同じだと思った（笑）。

中井　へえ。スリの人たちもそうなんですか。指の関節を鍛えてるんですよね。

増田　そう。普通、2本指でがちっと裸絞めやると関節が外れたり折れたりする可能性がある。だから砂箱をガンガン突いて、指関節を強くしておく。

中井　スリの人たちもやってるっていうのが面白いですね（笑）。

中井の得意技「文子絞め」を考案した意外な人物

中井　初めて話しますけど、僕は北大柔道部が休みの日は札幌市内の町道場を巡ってたんですよ。あと公共体育館でやってる愛好家たちの柔道の集まりとか。しらみつぶしに回ってたんです。それで色々と教わって。そのうちに、いまも使ってるこれ（と言って2本の指を突き出す）、「文子《ふみこ》絞め」っていうのを覚えた。文子さんて女性が使ったらしいんですよ、2本指で。

増田　女性って、町道場の？

中井　はい。これで絞めるんですよ。そんなわけねぇだろって、僕は。当時は一応、覚えたけどずっと使ってなくて。でもいま、僕、ものすごく得意なんですよ（笑）。これが使えるシチュエーションがあるんですよ。ある1個だけなんですけど、これができる場面があるんです。

増田　文子さんてOLさん？

中井　いや、わからないんです。あれは89年か90年か、もう25年経ってるんですけど、そこを仕切ってる先生が教えてくれたんです。昔、文子さんという人が使ってたんだと。そういう町の変な技を収集しようと思って道場巡りをしてたんです。東さんがサマーファイトシリーズっていって、そういうのをやってたというので、そのパクリですよ。

増田　東孝先生？

中井　いえ、東英次郎さん（北大柔道部で増田の1期下、中井の2期上で副主将を務めた強豪選手。水産学部特設専攻科卒。現在はマルハニチロ勤務）。

増田　ああ、東英次郎のことね。

中井　はい。あの人はすごく勉強熱心で、夏休み中にサマーファイトシリーズだって言っていろいろな所回るんだって京都大学へ出稽古に行ったりされたと聞いて。僕は内地に行く余裕がないので、札幌市内の道場を回ったんです。それでいろいろ教えてもらったなかでいまでも覚えているのがこの文子絞めです。そのときは「ウソだろ」とか「使えるわけねえよ」と思ってたんですけど、いまは得意技です。

増田　すごいな（笑）。

中井　はい（笑）。

増田　これってすごく、後世の格闘家のインスピレーションになるね。ただの市井の女性が考案したものが、日本ブラジリアン柔術連盟のトップが使える技になってるっていうのが。

中井　だから、本当に生きている人には会えるうちに会っておかないと、って思いますね。色々と話を聞いて、吸収できるものは何でも吸収したいですよ。そのときはピンとこなくても、何年かたってから実用的に使えることがあるんですから。

増田　中井が個人戦の全国大会、当時正力杯っていう冠が付いた名前で日本武道館でやってたけど、あれで全国ベスト16に入ったときの話を。大学3年のときかな。柔道始めて2年半かそこらで全国行っちゃったって当時話題になったんだけど。で、全国でも寝技で勝ち進んで。

中井　当時の僕、ほんとに柔道始めてまだ数年ですから、後々小室君（小室宏二、筑波大出身で国際強化選手だった強豪。寝技が得意でコムロックという独自の技で一時代を築いた。現在は東京都市大学付属中高教員）に真顔で聞かれました。「日本武道館でどうやって勝ったんですか？」って。必死だったんで全く記憶にないんですけど、たぶんタックルやってるんですよ。覚えてないですよ。1試合に1回だけなら許されるだろうと僕、計算していて。2回やったら怒られるんで。姿勢が悪いってんで。1回だけタックルやってるんですよ、たぶん。でカメにして返して横三角で27秒押さえたんだと。あのときは北海道予選が4分で、全国5分だったんですよ。あれがまずわかんないですよね。同じ時間にしろよって（笑）。

増田　予選を1日で終えたかったんじゃないの（笑）。

中井　でも予選と本選は同じ時間にしてほしいですよ。地方大会4分で全国5分て（笑）。最後の1分が地獄なんですよ。4分までは頑張れるけど、最後の1分間はもう、コインランドリーに入った洗濯物のようにひどい目に遭ってるんですけど、何とか勝った。じゃあ道内の大会ってどうやって勝ったのかって言われると、みんな、スコーンスコーンスコーンと抑え込んだのかな。その年優勝候補だったヤツが北海学園大のやつだったたんですよ。それと僕は3回戦ぐらいで当たって、相当強いということで、僕最初に投技で有効とられたんですけど、関節技で勝ったんですよ。ギリギリで。そこで勝ったら行くだろうと言われていたんです。

増田　やっぱり道内予選でも全国でも寝技で勝ってるんだね。次の年の4年生の道内予選では守村（北大の守村敏史。増田の1期下で中井の2期上。当時獣医学部6年生としてまだ在籍していた。現在は滋賀医科大学分子神経科学研究センター研究員）に当たって背負いで投げられたんだよね。やっぱり寝技得意同士だから技術がぶつかりあっちゃって、立技から寝技に移行するときの際《きわ》の虚《きょ》をつかれて背負われた。あのとき北海道日刊スポーツの裏面トップででっかく出たもんな。《獣医学部6年、悲願の優勝》って。あいつは下級生の頃は脇が甘くて弱かったけど、強くなったらしいね。

中井　本当に強いですよ、筋骨隆々で。守村さんとまともな柔道やったら僕は負けると思ってました、最初から。だけど「試合になったら勝つよ」と思っていたけど、そうはいかなかったですね。あんときの僕は過信してました。

増田　いや、あれはアクシデントだと思うよ。それに国際ルールはね、立技得意のやつが有利にできてるから。守村は立技も切れたから。まだ中井の戦い方もプロ入り後みたいに完成されてなかったしね。でも柔道始めて1年か2年でそこまでいったのは中井の練習量と精神力がずば抜けてたからだろうね。

中井　でも、恥ずかしいですけど、大学のときは減量のやり方を知らなかったんですよ。

増田　中井、何キロくらいあったの？

中井　大してないです。75キロくらいだったんで、ないんですけど、あの当時、4キロっていったらデカいんですよ。いまの選手が7、8キロとか10キロ落とすのは技術が上がってますけど、あの当時はなくて、まさに水飲まないとかやってたんですよ。そうしたら熱出ちゃいまして。3日くらい水飲まないでいると凄い熱が出て、これ無理だなって思って。でも何とか出たんですよ。結果的に2位なんですけど。僕はあのルール（国際柔道ルール）で勝てる人間じゃないので、あのルールで勝てるんじゃないかと思っている時点で勘違いなんですけどね。

増田　あのルールはあのルールで、すごく面白いんだけどね。投技のすさまじい攻防があって。がんがん攻め合うから、やってる人間も見てる人間も面白い。それにとにかくフィジカルも精神も強くなる。化け物みたいな選手がたくさんいて。

中井　僕は北大では優勝大会（7人戦大学団体戦日本一を決める大会。当時は講道館ルール。現在は国際ルール）のレギュラーに最後までなってないんですよ（笑）。

増田　中井はあのルール向きじゃないよ。立技の強い人間が有利になるように、寝技膠着の「待て」があるんだから。ノールールだったら中井が一番強い。ルールがね……違いすぎるから。

文化遺産的な七帝ルールも遺すべき

中井　最近は『七帝柔道記』を読んで柔道部に入りたいといって北大柔道部に入ってくる新入生もいるみたいですね。

増田　いまは高校の柔道部が軒並み潰れてるから部員が集まらなくて苦労してるんだけど、あれ読んで大学から始める学生が増えればいいかなと思う。これからもっと高校生が減ってくるんで色々な手を打たないと。高校では強豪校以外は部員が減っていって柔道部はなくなると思った方がいいな。

中井　このままいくと七帝もなくなりますよね。

増田　なくなる。もって10年だな。

中井　10年もつか、って感じがしますけどね。意外と早いですよね。

増田　動物学の視点から言うと、ある動物種が絶滅するときって「まだ大丈夫」と思ってたら、ある日突然スパッといなくなっちゃうんだ。北海道のシマフクロウは140羽いるからまだまだだろうと一般の人は考えると思うけど、実は3年後に絶滅してもおかしくない。シベリアトラは500頭前後のところで少し生息数が伸びかけているけど、これは国が全力をあげて数千人規模で学者や保護官を投入してるから。それくらいやらないと七帝柔道も、ある日突然、15人のメンバーが集まりませんとなって、そのまま終息してしまう可能性が高い。

中井　はい。

増田　15年くらい前に一度存続が危なくなったんだけど、中井や大賀君（大賀幹夫、九大OBのブラジリアン柔術家）の活躍で学生たちのモチベーションが上がってなんとか盛り返してきたけども、もう1回、本当の冬がやってくると思う。それに対応していかないと、今度の冬は本当に厳しいものになるんじゃないかな。もう進学校に柔道部がほとんどない状態だから。だからもっとたくさん白帯を入れて鍛えていかないと。いつか黒帯はほとんど入ってこない日がやってくるから。札幌だけみても進学校の東西南北（札幌東高・札幌西高・札幌南高・札幌北高の4進学校）の高校は全部柔道部なくなってるって聞いた。

中井　あの柔道部が……。

増田　うん。大変な状況になってる。日本の文化遺産なんだけどね。七帝だけじゃなくて学校柔道っていうのは日本の宝だと思う。柔道部っていう1つの学校スポーツ文化。先日全柔連の上の先生とお話ししたときにその先生が仰って俺も「なるほど」と思ったんだけど、ある意味で柔道が五輪スポーツとしてメジャーになりすぎて、憧れの部分が素人になくなって、これから始めようっていう対象に若者の間でなりづらい部分があるのかもしれない。

中井　かえって中学や高校には無い種目の運動部のほうが人気がありますね。

増田　そうなんだよね。高校の運動部では滅多にないスポーツ種目、アメフトとかラクロスは国立大学でもかなり多くの部員がいる。でも、ああいった部が何もやらずに新入生を集めているかというと、そうでもなくて、すごく努力してるんだよね。京大や東大のアメフト部とかラクロスのHPを見ると、明らかにHP制作のプロの手が入ってる。入部を志望する高校生には部員が家庭教師をして早くから唾をつけているし、卒業生の就職先までHPに並べて新入生にアピールしてる。他にも色々な戦略を練って、プロの手を入れて勧誘してるのがわかる。明らかにOBが勧誘に噛んでるんだね。お金もかかるし、仕事をしたことがない学生では思いつかないところまでやってる。本格的な道筋を作るのは学生だけでは無理な部分もあるからね。柔道の早慶戦でも、先日、《早稲田柔道》っていう新聞を頂いたんだけど、印刷所がスポーツ報知になっていて驚いた。カラーの使い方やレイアウト、見出し、そういった作りも「プロ並み」じゃなくて、プロがやったとしか思えない。おそらく報知の整理部にOBがいて、コネクションもってレイアウトから印刷まで頼んだんだと思う。もちろんきちんと費用も払って数万部刷ったんじゃないかな。七帝柔道もそこまでやらないと、もう部員が集まらないと思う。昭和40年頃の北大柔道部の先輩に聞くと毎年100人以上新入生が入ってきて邪魔だから辞めさせるために苦労したと言ってたけど、柔道が人気スポーツではなくなってきたいま、勧誘のやり方を変えていかないと。

中井　毎年100人も新入生が入ってきてたんですか……。

増田　うん。それくらい昔は柔道って人気があったんだよ。でもそこから10年たった昭和50年頃のOBに聞くと、毎年50人くらい入ってきてたと。昭和60年頃の僕の時代には毎年15人くらいと、どんどん減ってきていまの状況がある。

中井　人生修行に柔道を選ぶのって大事なんですよ。なんでかっていうと、苦しいんですけど、クリエーティビティがあるんですよ。七帝柔道は特に。弱いヤツが勝つ方法がある。そんな柔道部は他には無理ですよ。そこを伝えないといけないですね。

増田　一番古くて一番新しい武道が七帝柔道なんだよ。伝統や神秘性というイメージで売るだけではなく、新しい魅力もあるという売り込みも高校生にしていかないとだめかもしれないね。伝統があり、かつ新しい技術も毎年開発され、フランス遠征などで海外勢とも交流している。いろんないい部分を高校生に訴えていかないと。

中井　はい。そうですね。

増田　大学に入るときに思うことってみんな同じで、自分を変えたいってことなんだと思う。いろいろ天秤かけるなかで、落研とか演劇部とかと同じように、柔道が俎上にのるように手助けしてあげないと。大学からでも人生変えられる。中学高校と勉強ばかりしてきたけど、大学から物凄く強くなれる。だって目の前に中井祐樹っていう白帯から始めたモデルがいるんだから。白帯から始めるニュージェネレーションの学生がたくさんいれば、七帝柔道はもっと別方向に寝技が強く進化して、10年で消滅ではなくて逆に何十年何百年続く新しい武道たりえると思うから、ぜひ白帯から入部してほしい。

中井　そうですね。１００年続く伝統文化ですから。

増田　そう。去年だか一昨年だか、ちょうど１００年になって。国際ルールがどんどん変わっていってしまういま、こうやって１００年も同じルールで戦われてる柔道が存在するってこと自体が奇跡的なことなんだよね。

中井　そうですね。ぜひたくさんの高校生に興味を持ってほしいですね。白帯から大学で始めても強くなれるわけですから。

塗り替わってきた格闘技地図

増田　さっき少し話が出たけど、早慶戦も国際ルールじゃなくて講道館ルールでやろうってなって、いま講道館ルールを世界で唯一行ってる試合になってる。だから柔道には、いちばんフリーに近いルールが七帝ルール、その次が講道館ルール、そして国際ルールと3段階のルールがある。あるけど、七帝戦は世界で7校だけ、早慶戦は2校だけ、だからこそ、この2つの対抗戦は文化遺産として遺してほしいですね。

中井　というより遺さなきゃだめでしょう。いろんなものを思想的にも技術的にも包括するのが講道館柔道なんですから。自由な発想をね。

増田　そうだね。自由な発想をね。

中井　七帝出身者はああいった自由なルールでやってるからだと思いますが、自由な発想が得意ですよね。とくに北大はそういう人が多い気がします。

増田　北大柔道部なんて本当に自由だからね。中井が中退して格闘家になって、俺も中退して新聞社に入って作家でしょう。佐々木（洋一）コーチは大工で、ほかにも東大海洋研究所に就職したのに辞めて漁師になってる後輩とかいるし、木こりとか農家になってる後輩もいるからね。

中井　ボーイズ・ビー・アンビシャスの精神が脈々と。

増田　北大は札幌農学校時代から自由なんだよ。あまり歴史を知らない人が「北大なんてレベル低い」なんて言ってきて辟易とすることがあるけど、レベルなんてどうでもいいじゃん。そんな中学や高校での数年間の受験勉強のお話なんて。そういうレベル云々じゃなくて、札幌農学校ができた出自時代から、あえて東大を選ばず札幌農学校を選んだ学生がたくさんいたんだよね。新渡戸稲造もそうだし、内村鑑三も、有島武郎もそう。そのあと戦前の一時期、東北帝国大学農科大学になって東北帝大の分校みたいになったから、それについても「帝大として歴史が浅い」とか食い付いてくる人もいるけど、古い学校の方が偉いなら、小学校は寺子屋から始まって、もっともっと古いんだから（笑）。

中井　たしかに（笑）。

増田　札幌農学校は早くから西洋からの血を引いてるから、思想的に進取の気風に満ちていた。日本で初めて学士号を授与する学校でもあったのは田舎にありながら東京ではなく西洋を見ていたから。だからこそ東京帝大や京都帝大より早くから学士号を出す学校だった。ただのエリート養成機関には最初からなるつもりもなかったし、いまの学生たちもそういうレールに乗るのが嫌で来てる青年が多いでしょう。もともと農業や漁業や土木の指導者を育てる学校なんだよ。入学時点からまったく違う人生観で歩んでる人が多い。

中井　とくに内地から来た人はそういう人が多いですね。89年の北大生協の光景が目に浮かびますね。僕も本ばっかり読んでた。いまなんていうか、凄くチャラくないですか、本が。チャラくてマニュアル本ばっかりじゃないですか。なんかつまらないな。みすず書房の本に走ったりするんですけど。

増田　本が増えすぎてるしね。

中井　僕の柔術の教え子が作家なんですよ。8冊か9冊書いてるんだけど、練習きてますよ。その合間に書いて医者で、凄いなと思いますね。武道とインテリジェンスって相性がいい気がします。武道と活字とか。

増田　講談社って剣道と関わりが深いって知ってる？　創業者が野間清治先生という東大剣道部出身の方で、屋敷内に野間道場っていう剣道場を作って有名な剣道家をたくさん育てられた。昔は講談社の社員全員に剣道を奨励していたそうだよ。

中井　野間さん……ああ、はいはい。そうですか。凄いですね。やっぱり武道家って言葉を遺そうとするんですよね。僕もこつこつやっていきたいと思ってます。これからは。

増田　残るのは活字だからね。だから中井にはどんどん残していってほしい。

中井　プロレスの流れがあり、高専柔道の流れがあり、グレイシーの流れもあり、でも表現する方法がなかったので、どうしたらいいのかなと思っていたんですよね。僕は全員を強くしたい。ただ、何カ月で強くするとか、そういうことは言わないです。でも強くなる奴は1カ月で強くなる。僕、ブラジルに97年に行ったじゃないですか。フラッと町道場行って、一応、コーディネーターはいたんですけど。行ったら、全員、強いんですよ。この国はどうしたんだろうって。

増田　97年っていったら初めての海外武者修行のとき？

中井　はい。腹の出たオッサンが「来週の世界選手権、出るのか？」って聞いてきてびっくりして。「出るわけないでしょ。俺は好きでやってるんだから」って（笑）。でも、そのオッサンにボッコボコにされたんですよ。当時は減量してたんで、ウエイトは落ちてましたけど、それを差っ引いても、コテンパンにやられた。あ、これが柔術の本質なんだと思ったんです。野村忠宏は2010年くらいにリオに行ってますよね。世界選手権の前に。あのときに柔術の練習をやったと誰かが書いてたんですけど、あのとき僕も人伝に仲立ちするから何かあったら言ってとは言っていたんですけど、「すげぇーな」と思って。これから日本はこうならないといけないなと。リオに行けばわかるよと、世界のレベルがどれくらいか。だから、どんどん行くべきですよね。

増田　変わってきてるんだよね、いま、格闘技の世界地図が。

中井　極真の世界大会を観に行くと、ほとんどロシア人。物凄く見に来てますよ。あのケンカっぽいやり方がいいんですかね。あの民族は柔道とか空手とかサンボとか、関係なく何でもやってますね。

増田　あれだけ長く共産主義が続いて、そのあとソ連が潰れてしまっても何事もなかったかのように生活してるんだから強いよ。精神的にも肉体的にも。

中井　そうですね。例えば、ロシアでマットと畳が分かれてるとするじゃないですか、あっちで空手の練習していると思ったら、こっちにきて柔道の練習してる。区別していないですよね。彼らには一緒なんです。日本もそうならないといけないですね。でも30年から40年はかかるでしょうね。そうしたら本当の強さが見えてくると思うんです。

増田　やっぱり日本の格闘技の総本山、講道館にいろいろ音頭をとってほしいな。でも動いていくと思うな。嘉納治五郎先生だって空手を受け入れたんだから。プロに一度は行った吉田秀彦が戻れたり瀧本誠が戻れたり、柔道界も変わりつつあるので。

中井　はい。そうですね。

増田　俺が望むのは中井に新講道館護身術を教えて欲しいっていうこと。俺自身がそれをすごく習いたいから。柔道家のフィジカルとかステップを生かした打撃の捌き方とかその程度でいいんだ。50歳だから遊び程度でいい。距離はどうしたらとか、この距離になったら当りませんよとか。知らないから、柔道家は。ボクサーのパンチをウィービングでかっこよくよけるなんて考えてない。MMAのプロ選手をタックルで倒すとか、そんなこともできないし、望んでない。でも護身の場面で素人のパンチが当たらない間合いを教えてほしい。そしてタックルで捕まえる。その程度の簡単な護身術を教えて欲しい。くっついたらまだまだ腰に力残ってるから、相手が素人なら投げれるし寝技にいけるから。大学までやっててサラリーマンになった柔道家は、みんな思ってるんじゃないかな。

中井　そうですね。いつかやってみたいですね。

第五章　強くあれ。そして考える人であれ

「東京五輪に向けて、日本柔道はどうなっていくだろう」

「柔道出身の柔術家はたくさんいるのに、
僕のように柔道場に行ったりしないんですよ」

人間的強さの源泉とは

増田　ＶＴＪ95で中井が失明してから、切り替えてブラジリアン柔術家として再スタートした強さ。スポーツ選手もサラリーマンも主婦も、みんな人生のうち何度かは、逆境に立たされる。そのときにどう切り替えてくか、みんな中井にそこを聞きたいと思うんだけど。

中井　はい。

増田　シミュレートはいい訓練になると思うんだけど、どう？　スポーツの試合が実人生のシミュレートになるように、たとえば小説や映画もシミュレートになる。ときどき「小説を読んで何になる」なんて言う変な人もいるけど、そうじゃなくて、自分の人生は１回しかなくて、前へ一方向へ進むだけの一本道だから他が見えないし、一度過ぎ去った時間をやり直すこともできない。だからこそ小説や映画で他の人の人生をある程度シミュレートするのも必要なんじゃないかな。

中井　はい。僕もそう思いますね。

増田　中井は決定的にいろいろ乗り越えられたのは何だったの。やはり好きな小説や映画なんかは影響受けた？

中井　はい。何で動じないんですかとか僕は聞かれるんですけど、「いや、普通のことだと思っているんだよ」と。例えばドストエフスキーとか全部読んだり、アンジェイ・ワイダやロッセリーニの映画とか、異常な状況を、僕のなかでは何が来ても受け入れられるところがあるんです。それに比べたら大したことないじゃんて思うところがあるんですよ。そういう意味では「こんなことは自分に起こるだろうと思ってた」みたいなところがあるんですよ。

増田　たしかに。

中井　ここでどうする？　ってなっても、逃げたり隠れたりもできるんですけど「仕方ない。起きていることだから受け止めるしかないよね」と。これ、冷めた発言に聞こえるかもしれないんですけど、でも、僕にとってはそれ以上でもそれ以下でもなくて、そういう異常な状況みたいなものを受け止める訓練みたいなものができていたのかなと思うんです。

増田　なるほど。子供時代の経験なんかはどうだった？　子供の頃のことは、あとあとどんな大人になっていくかを形作る重要な問題だよね。

中井　北海道では「軒下で遊んじゃいけません」って雪国の子供の鉄則があるんですよ。屋根の下だと雪が落ちてきて埋まっちゃうから。僕は小学校に上がる前、その鉄則を破ってツララを取るのが楽しくて遊んでいたんですね。そうしたら雪がドサッと落ちてきて。

増田　北海道以外の読者は雪の量の実感がないと思うので解説しておくと、北海道は一冬の積雪量が4メートルとか5メートルとかあるので、それが屋根から落ちてくると……。大変なことになるよね、命にかかわってくる。

中井　はい。全部埋まって、ぎりぎり助け出されたんですけど、そのときも周りは凄い騒いでいるんだけど、僕だけ「冷たいなー」って思うだけで。そのときに起こったことは自分の中で受け止めなきゃいけないという感覚はこのころからのものですかね。

増田　ヒクソンが書いてたね。子供のころに絨毯に頭までくるまって狭いところの恐怖に馴れるようにしたと。

中井　雪に埋まってしまったときは僕よりも兄が怒られてましたね。おまえがいるのになんでだ！　と。みんな僕が死んだと思ったらしくて。

増田　そりゃ思うよ（笑）。

中井　でも自分のなかでなんとなく、他の人がヤバい、と思っているときは自分はそうじゃないんですよ。ゴルドー戦のときも。

増田　なるほど。

中井　あとやっぱり小さいときに、橇《そり》に頭から乗ったらどうなるのかってやってみたら、あらぬ方向に行っちゃって、コンクリートの角にぶつかってるんですよ。いまなら頭蓋骨折れてるんじゃないかな。

増田　格闘技専門誌では語ってない、こういった子供の頃の話も面白いよね（笑）。中井は浜益村（現在は北海道石狩市に編入されて浜益区となっている）の出身だから、内地の人じゃ考えられないようないろんな冒険をしてたんだな。大学時代に中井の住所見て「北海道浜益郡浜益村大字浜益字浜益うんぬん」て「字」がたくさん入ってるの見て驚いた覚えがある

（笑）。

中井　田舎でしたね。北海道の田舎っていうと、内地の田舎の感覚よりもっともっと田舎なんですよね。

増田　北海道の田舎に行くと、ほんとに何もないからね。

中井　ほかにもたとえば、浜益村って海が近いので、テトラポッドをピョンピョン飛んでいて、ガラスまみれの場所に落ちた事もあるんです。いま考えると「間一髪、大事なところは切り抜けているな」という思いと共に「逆に危ないことをしないとね」と思ってるところがどっかにあるんです。それを言うと怒られちゃいますけど、避ける経験があったりするから磨かれているのかなと思う。でも嫁には「それはあなただからでしょ」と言われてますけど、僕のなかでは危ないことを経てきた人間、つまり若いときにグレてた人間の強さみたいなものも感じるので。

増田　うん。

中井　悪い事ができる強さ＝タフさがある程度は必要かもしれないですね。いまはもう危ないことに全部フタなんで。昔といまは違うというのもわかるけど、でも人々が脆《もろ》い。それは「これはだめ」「あれはだめ」の結果だと思うんですよ。

増田　何でも実際にやってみないとわからないからね。

中井　はい。どうしてもだめなところだけガツンと怒ればいいんじゃないかと思います。

増田　たしかにね。

中井　あと、地域と地域の戦争とかたくさんありました。

増田　戦争ってなんだよ！（笑）

中井　子供同士の戦争です（笑）。そんなのしょっちゅうでしたからね。そういうときは鍛えたプロレス技を試すチャンスなんですよ。でもいまの男の子達にはこういう可能性はないんだなと感じますね。ケンカはよくないとか人を悪く言っちゃいけないとか、当たり前のことばかり言う。格闘技は疑似戦争なんですよ。勝ったから正しいとか、負けたから悪いじゃなくて「勝ってもそのとき勝っただけでしょ」って。そういうのを伝える場ですよね。疑似戦争ですから。

増田　そうなんだよね。戦争って、そのとき勝っただけ、負けただけなんだよね。それは他の社会でも同じで、サラリーマンの出世競争とか、みんな同じなんだよな。寸瞬の疑似でしかない。

中井　そこはやっぱり子供のとき、若いときに気づかせないと。

中井ジムの強さの秘密

増田　前にツイッターを見てたら「中井先生が居酒屋のトイレで弟子たちが脱ぎ散らかしたゲタを1人で黙々と揃えていた」というツイートが流れてきた。ああ、素晴らしいなと思った。揃えてた中井の行動も素晴らしいけど、それに気づいてツイートしている弟子の気持ちが可愛いなって。師弟相互の温かみが見えてくるようで。他にもこんなツイートを見たことがある。中井のジムの高校生の門下生が「僕の将来の夢は、いつか出世してお金をいっぱい稼いで中井先生のジムにシャワーを作ることです」って。

中井　ありがたいですね（笑）。

増田　可愛いよね。でもそんな気持ちにさせてしまう中井先生という存在が素晴らしいんだと思うな。そこが中井ジム「パラエストラ」の強さなんじゃないかな。押さえつけるのではなく、自発的に学ばせるというか。

中井　はい。そうかもしれません。

増田　中井だって、プロへ行ったときは22歳だから、修行を通してここまで成長してきたはず。その道筋を背中で弟子たちに見せてるんじゃないかな。

中井　ありがとうございます。

増田　「いまの若い子はダメだ」ってステレオタイプに語られることが多いけど、いまの子にもいいところはたくさんあって、たとえば昔の僕らの世代より、いまの子の方が優しい部分はいっぱいあると思うんだ。決して嘆くばかりじゃなく、そういう部分を認めてあげる。そこが大切じゃないのかな。会社で会う20代の青年はジムの練習で会うと違う顔を見せるからね。こういった素の自分を見せることができる柔術ジムの文化を、よくぞ20年弱で日本全国に創り上げたなと思う。上からのチェーン展開ではなく、自然発生的にね。中井祐樹が上から目線じゃないからだろうね。

中井　これまでずっと「ここにジムを開いたら当たる」っていうやり方で僕らはやってない

んですよ。ここで開いたら当たるじゃなくて、この町に住むからとか、この町に帰るからとか。

増田　そういえばこの前、南の島……ええと、あれどこだっけ？　鳥飼さんが住んでる島。

中井　鳥飼さんて誰ですか？

増田　作家の鳥飼否宇《とりかいひう》さん。『昆虫探偵』（光文社）とか書いている作家さん。若いころ九大理学部で鳥の研究されてた方で、南の島に移住して野鳥の観察をしてる。その南の島でセミナーやるって中井がツイッターで言ったときに、俺と鳥飼さんともトライアングルでやりとりした。

中井　ああ、あのときですね。奄美ですか。

増田　そうそう。奄美大島。奄美大島にもあるんだよね、ブラジリアン柔術が。俺はそのときすごく驚いた。

中井　奄美出身で横浜の道場に来ていた人が帰って教室を開いたんです。もう10年以上やってます。この前、僕もやっと行けたんです。

増田　中井が奄美大島に来るってことは、ジム生たちにとっては、神様が来るわけだからね。行くっていうのが凄いよね。奄美にあるのもびっくりしたけど中井が行ったのもびっくりした。沖縄本島くらいならわかるけど。

中井　来年も行きますよ。

増田　素晴らしいね。

中井　僕の後輩のなかには、この場所に出したらいいんじゃないかと、場所で選んでジムを出している者もいます。経済の流れからして、場所の利というのを考えるのは否定しません。でも、ぼくは場所にこだわって出すことはしないですね。ビル・ゲイツにも、孫正義にも、格闘技道場はできないでしょう。愛のある人がいないと絶対に無理なんですよ。道場出す後輩に、「君は五味隆典（プロ格闘家）や宇野薫（同）のような有名選手ではないけれど、その道場に通わせると『子供が良くなるし先生がよく見てくれるのよ』という評判が立つ道場にしろよ」と。そうしたら絶対によくなるから、と。

増田　北海道でも名古屋でも大阪でも九州でも、花形ではない選手たちがジムを作って大成功を収めてる。そんなスポーツはほかにないよね。

中井　既存の業界なら素人が入ってくると潰されますよね。そういうのがなかったのは大きいですよね。

増田　未来永劫、中井が日本に創り上げたこの柔術ジムフォーマットは残るよ。

中井　はい。このカルチャーを残さないといけないと思っています。「誰でも入れるんだよ」というかたちで。伝統空手15年やったけどそれを生かしたいとか、「キックをやってた？いいじゃない！」って。1つをベースにしたらシュート（MMA・総合格闘技）はできるんですよ。違うものなだけで。ある人は「あのシュートを認めない」「あの総合は認めない」って言うのかもしれないけど、総合格闘技の縮図なんですよね。

増田　なるほど。

中井　打撃系とか組技系でも考え方が全く違うから。「殴っちゃえばいくら寝技強くても一発でしょ」って一方が言えば「寝かしちまえば立技が強かろうが一発で極められる」って。この全否定、全肯定。それってみんなそうじゃないですか。社会の縮図ですよね。マット上で出たものは結果だから、全力で燃えるわけですよ。そこにお祭り感があるんです。燃え上がり感が。

増田　うんうん。

中井　色々なものが投影されるし。負けたら僕だって全否定されたような気分になるし、落ち込むわけですよ、その日の晩は。やけ酒を飲むこともあるし、それが人生の縮図なんですよね。だって入って何カ月かの子でも「試合に出たい」と言ったら出しますから。そりゃ負けますよね。勝つまで出さないという方針なら別だけど、僕は意思を大事にするから。出たいといったら出しますよ、打撃じゃなければね。打撃は経験数カ月では危険な部分もあるから。でも組技ならすぐに出す。戦争は反対だけどスポーツは疑似戦争、イデオロギー同士がぶつかる舞台ですよ。その日は一喜一憂するけど、それが勝利でないことも絶対的な負けでないことも知っている、そういう大人の舞台。そこに関われることを僕はいまは第一義として、いまも動いているモチベーションはそこにありますよね。

増田　やってみる、というのが大事だね。

中井　そうですね。だからいまだにこの世界にいますからね。

増田　格闘技イデオロギーがさまざまあるなかでの疑似戦争。

中井　はい。いまは大人も弱くなって、違う意見を言われるとダメになっちゃう人が多いです。自分と違う意見を言われてしまうと、傷つけられたと感じてしまうんですね。かわいそうとしか言いようがないんだけど、そうじゃないんだよ、ということも教えたいですよね。

増田　前へ前へと進んでいく。

中井　否定の意見が出たからなんだよ、って。それは貴方は強い人だからいいでしょというけど、そんなことはない。一緒だよって。傷つかないように生きようとする人が多いですよね。

増田　たしかにね。日本の会社はたいてい60歳が定年だけど、そこから20年、30年と生きるわけだから、老人になって収入が減っていく。そこで悲観的になるのか、それともここから好きなことが何でもやれると喜べるのか、そこにも繫がると思うな。

RIZINを観戦して思ったこと

増田　世界の格闘技界のなかでも大きな力を持っていた巨大格闘技イベントPRIDEを引き継ぐ形で10年ぶりに復活したRIZINだけど、2015年大晦日の旗揚げ戦を、中井はさいたまスーパーアリーナで観てきたそうだね。

中井　29日も31日も両方行ったんですけど、とてもいい雰囲気でした。PRIDEのときって僕、実はほとんど客席に座ったことがないんです。初期は招かれて行ったりしたんですが、あとは解説とかで。

増田　青木真也選手のセコンドとかもやってたよね。

中井　ええ。でも、青木のやったときはもうＰＲＩＤＥ末期なんです。そのときに行ったけれども、客席にいたわけじゃないんですよ。初期は解説で末期はセコンドで、客席に座って観ていたわけじゃないんです。

増田　久しぶりに客席で観て、どう思った？

中井　やっぱりこういうＰＲＩＤＥみたいな総合格闘技の形がみんな好きなんだなというか、日本人に合ってるんだなって思いました。

増田　こういうってのは、つまり海外で主流のケージ（金網で囲まれた闘技場。上から見ると八角形をしているのでオクタゴンとも呼ばれる）ではなくリングのこと？

中井　はい。リングでの総合格闘技。ショーとしても完璧でしたし、高田延彦さんの盛り上げ方とかも本当に完璧。客席も一体となって盛り上がっていたので、日本人にはこの方式は合っているんだなと。

増田　音楽ライブ的な盛り上げ方ということかな。

中井　そうですね。隣の席には、連れに格闘技のことを教えている人がいたりして。

増田　日本でいうと、相撲を見に来ている感じなんだね、きっと。日本の格闘技文化にこういった興行が多いのは、相撲の観戦文化というのが雛形の１つだからかもしれない。

中井　はい。本当にこういう感じの盛り上げ方は合ってるんだなって思いましたね。

増田　俺たち素人にはわかりにくいんだけど、ケージとリング、この２つの違いってどこにあるの？

中井　ケージというのは映像で見せるものだと思うんですよ。

増田　なるほど。たしかに金網があるので客席からは網越しになって少し見にくいというのは感じることもあるね。でもテレビ放送では天井方向からテレビカメラを吊してケージのなかを撮ってるから、見やすいしエキサイティングだよね。テレビを見てる側の僕たちが、それこそ自分が小人になってドローンに乗ってファイターの近くに浮かんでるような臨場感がある。

中井　はい。UFCはもともと映像で見るものだと思うんです。映画作る人が組んだ企画ですからね、ホリオン・グレイシー（ヒクソンの兄）と一緒に。映像で見せるモノを念頭に置いて、よりそっちの方を重視したフシがあるんです。

増田　ときどき日本に来るUFCジャパンの興行はどう？

中井　そうですね、お客さんたちは米国版格闘技を楽しみに行っているという感じでしょうか。もちろん日本人がKOすると盛り上がるんですけど、やはりどこか、遠いじゃないですか。でもリングだと見やすいですし、一体となって盛り上げていく感じですね。

増田　外国人選手たちがよく「日本に来るとファンたちにリスペクトされて嬉しい」ということを言っているよね。「日本人ファンは技術を知ってるから戦いをする励みになる」と。

中井　そうですね、日本人の方がそういうのを楽しんでると思うんです。細かい技術みたいなものを、よくわかってますよね。

増田　柔術を町の道場でやってる白帯とか青帯とかの人たちの肥えた目っていうものがあるのかな？

中井　多少はあると思います。全部ではないと思いますけど、教育されたファンという印象はあります。見方をわかっているというのか。

増田　そういう人たちはＵＦＣの会場にはあんまりいないのかな。

中井　うーん、アメリカでのＵＦＣは正直わからないですけど、日本でやるＵＦＣだと「向こうの文化を見ている」感じというか、ちょっと距離があるんですよね。

増田　格闘技を見ているというよりアメリカを見ている感じなのかな。ということは、ＵＦＣジャパンを見にくるお客さんと、ＰＲＩＤＥやＲＩＺＩＮを見にくるお客さんは同じ客層ではないの？

中井　そこは、ちょっとわかりません。かぶっているところもあるけど違うところもあると思います。

増田　これから、日本の総合格闘技界はどうなっていくと思う？

中井　二極化してしまうところはあると思うんです。いまは米国のＵＦＣスタイルに各国の選手が合わせていこうというか、レギュレーションもそうですし、勝ち方も基準に沿うようにやっていこうとしているし、大会自体もそういうフォーマットにしていこうという流れになってますよね。そのなかで、こういう純和風というか日本的なＭＭＡがあってもいいんじゃないかなという意見はその通りだと思うんですよ。皆が同じでなくても。ただ、箱根駅伝のように、五輪のような世界的なフォーマットとは違うものが流行りすぎることによって、世界的フォーマットへの競技力が落ちる、みたいなことを言う人もいるじゃないですか。そういうふうにならないとも限らないし。

増田　その危惧は、やはり中井にもある？

中井　そうですね、2つのルールって似て非なるものなので、選手たちは戸惑うかもしれないですね。

増田　だいぶ、戦い方も違うからね。僕ら素人には細かいルールの違いがわからないんだけど、どれくらい違うんだろう。

中井　ラウンドも違うし、ルールも違うし、判定基準も違うし、そうなると難しい面は出てくるかもしれない。

増田　たとえば、日本のプロ野球が始まったとき、日本と大リーグでどのくらいルールが違ったのか知らないけど、大リーグに近づいていったわけだよね。そうやってルールは近づいていくべきだと？

中井　そうですね。RIZINが流行れば流行るほど、二極化していくと思いますから。

増田　RIZINは盛り上がりそう？　これから。

中井　盛り上がると思いますよ。こういう形の方が本当にウケるんだと思う。UFCのチャンピオンとかUFCで活躍している日本人を、みんなが知っているわけじゃないですからね。でもRIZINはテレビのバラエティ番組なんかに出ていた選手が出る。日本でこっちがメジャーになる可能性があるというか、きちんとやっていけばなると思う。

増田　エンターテインメント寄りのものは中井には合わないとかはないのかな。UFCに比べるとどうしてもスポーツ寄りというよりはエンタメの部分も地上波向けに何試合かは組まなければならないでしょう。

中井　うーん、僕自身は（RIZINは）メチャクチャ面白いと思いましたね。こういうのは日本人に合ってるなと。良くも悪くも2つに分かれていくと思う。よく考えると前からそうだったんです。PRIDE全盛期には出れなかった岡見勇信選手とか、水垣偉弥《たけや》選手とか、WECだったりUFCだったり、PRIDEに出なかった人は直で海外に行っていた。だから同じなんです。前に戻ったと思えばいい。最近はみんなが「UFCじゃないといけない」みたいになっていましたが、それが違う形になるかもしれない。

増田　バランスが大事だよね、でも。

中井　そうですね。どっちにも通じるモノを目指しつつやっていくと。

増田　パラエストラ自体はどっちを目指すの？

中井　我々は徹頭徹尾、町道場なんで、やりたい者にやらせて、本人のやりたいものを引き出します。寝技だろうと、打撃だろうと、やりたいものを見つけてもらう。その人が好きなものに行ってもらう。

増田　中井のところにはMMAプロクラスみたいのはあるの、いま？

中井　それはないです。

増田　じゃあ、クラスではなく、プロになりたいという人には、プロレベルのMMA技術を教えているということなんだね。

中井　そうです。うちのいろんな技術を吸収してくれれば、ありとあらゆるニーズに応えられる。全部、どれにも応えられる。だから自分に合ったものを選んでいけばいいということに変わりはないですね。

クロン・グレイシーはさすがの強さ

増田　RIZINの盛り上がり、これからPRIDEのようになっていけばいいね。少しずつでいいから。PRIDEも最初からうまくいったわけじゃないから。1年とか2年とか3年かけて、どういう構図になっていくのが一番いいのか。PRIDEだって最初は「プロレス対グレイシー」という助走期間で盛り上がったわけだから。

中井　今回のRIZINがそうだったように総合格闘技をメイン興行として打つんだけれど、K－1ルールの試合があったり、打撃とMMAを交互ラウンドでやる試合があったり、そういう風に、各団体の選手たちが自分の団体にお客を引っ張りたいから出ているというニュアンスも強いんですよね。色々な駆け引きもあるんでしょうけど、この選手にはMMAやらせるから、曙とサップはシュートボクシングだとか、そういうバランスを取っている部分がある。そういう意味では興行全体としては総合格闘技がメインにあるんだけど、いろんなルールの試合が混じった大会っていうニュアンスもあるのかなと思います。これってでも実は90

年代半ばまであったんですよ。例えば大道塾（極真空手から分派した投技と寝技ありの空手。現在は空手という名称を捨て「大道塾空道」を名乗る。修斗とは全く別ルートで総合を志向していた）とかプロ修斗とバーリトゥード・ジャパンとゼネラルスタイルと、4つくらいルールがあった時代もある。そのうちルールが1大会にいくつもあると面倒臭いんじゃないのみたいになって収束したんですよ。総合格闘技が核にあれば、どの格闘技も楽しめるはずなんです。

増田　今回、クロン・グレイシー（ヒクソンの次男。長男ホクソンは19歳でバイク事故で夭折しているのでクロンが後継者）はどうだった？

中井　クロンはよかったですね。さすがの実力を発揮して。彼はUFCよりRIZINのルールの方がいいと思いますね。

増田　それはどうして？

中井　最初のラウンドが10分なんで、決着がつきやすいんです。ミスが起こりやすいので総合は。10分よりも5分の方が一本率下がるし、さらに3分になるともっと下がるんで。

増田　強い人ほど、長いルールがいいの？

中井　いや、そうとも言えないんですけど。やはり総合はミスを避けないといけない。攻撃しているときにどうしても隙ができて、時間が長ければ長いほどミスが起きやすいんです。30分一本勝負だと、どちらかがバテてミスが出るから、決着がつきやすいんですけど、選手も厳しいし、見ている方もダレちゃうからラウンドごとにするということだと思うんですよね。

増田　なるほど。そういうことか。

中井　はい。ＰＲＩＤＥは何でそもそも10分でスタートしているかというと、たぶん、僕らがやっていたバーリトゥード・ジャパンが8分だったので、8分3ラウンドとか、確かヒクソンの主張で8分と決まったはずなんですよ。1ラウンドが長いほうが決着がつきやすいということだと思うんですよね。

増田　じゃあアメリカのＵＦＣは一本は減ってるの？

中井　そんなことはないんですけど。1ラウンド10分の方が一本が出やすいのは確かですよね。その方がお客さんも盛り上がるし。これからＲＩＺＩＮのルールに合わせて練習する人が増えれば、またレベルが上がって拮抗することはあると思いますけど、それでもミスが起こる可能性が高いんですよ、10分の方が。

増田　一般の読者にもわかるようにＲＩＺＩＮとＵＦＣのルールの違いを球技に例えて言ってほしい。例えばサッカーと野球くらい違うとか、

中井　そこまでは違わないですね。野球とソフトボールの違いくらいですかね。

増田　だから充分対応できるし、応用も利くわけだね。

中井　その通りですね。

増田　絶対的に強い人がいたら、当然、両方で勝っちゃう。

中井　はい。細かい基準も、ラウンドごとの採点がある米国産ルールなんですけど、ラウン

ドごとに優劣をつけるルールですよね、ＵＦＣなんかは。それに慣れていかなきゃいけないんで。ラウンドマスト、ラウンド勝者っていう言い方をします。ラウンドをどっちが取ったかという。この判定方法だとＵＦＣなんかでもトータルでいうと「あれ？」という判定が起きやすいんです。２ラウンドはこの選手が取ってるから勝っているように見えるんだけど、１と３は僅差で逆についていると、トータルで負けるみたいなことが起きるので。

増田 そういう意味でもラウンドの時間って相当、大きいの？

中井 大きいですね。やってる選手は一緒だと思ってますけど、結果を見ると、時間が大きいですよね。

増田 踏みつけありなしよりも、時間の方が大きいの？

中井 いや、それもかなり大きいですね。ＲＩＺＩＮはＰＲＩＤＥと同じ、踏みつけあり、サッカーボールキックあり、顔面ヒザもあるんで。やっぱり世界一過激なルールですよね。それも一本が起きやすい要因です。

増田 ＲＩＺＩＮの興行が増えて成功すると、これからＵＦＣからも選手が流れてくる可能性もあるね。

中井 そうですね、とくにＵＦＣとかでキャリアを終えた選手がもう一花咲かせるためにＲＩＺＩＮに定着するというのはあるかもしれません。

増田 ＵＦＣルールはフィジカルが非常に重要だと聞くけど。

中井 はい。

増田　ということは、年齢がいって、フィジカルが少し落ちてきたＵＦＣの選手が、こちらのルールの方が合っていると感じたら流れてくるかもしれないということかな。

中井　微妙ですけど、ＲＩＺＩＮの試合時間10分の方がミスをごまかせるかもしれない。ミスが起きやすいんですけど、逆に言うと長期戦に持ち込んで、ディフェンシブに戦うってことができなくはないから。やっぱり細かい裁定でラウンドごとに決まる、ＵＦＣの１Ｒ５分みたいなルールはフィジカル勝負になりますよね。時間を延ばすことによって、ベテラン選手が戦うことが可能になってくる。

増田　なるほど。中井の解説は非常にわかりやすいね。クロンと闘った山本アーセン（山本美憂の長男。山本ＫＩＤ徳郁《のりふみ》の甥）はどうだった？

中井　思ったよりは頑張ったたって感じです。

増田　最初の下馬評ではぜんぜん総合格闘技に対応できないような感じの報道もあったけど。

中井　確かにそうですけど、思ったより頑張りましたよね。

増田　あれもフィジカルなのかな。

中井　もちろん素晴らしい能力はあると思うんです。ただ初めての舞台でやれるだけやったという感じだと思います。

増田　これから先、アマレスとか柔道の一流選手が、たとえば週に２回だけ総合格闘技ジムに通って、クロストレーニングをしながらそちらも目指すという流れって出てくるのかな。

中井　うーん、わからないですね。ただ、そういうものができてもおかしくはないですよね。

僕らはもうどの格闘技だって同じだとみているから。レスリングの人達が総合を同時にやると一時的にレスリング自体は弱くなる。レスリングだけをやってる選手と比べるとレスリング自体の練習量が減るから。でも、一時的には弱くなっていくんですけど、長い目で見たときに幅は絶対できる。そういう意味では逆に僕ら総合格闘技やってる側からしても弟子が「柔道で出たいんですけど」とか「レスリングで出たいんですけど」と言ったときに、反対することはないと思うんですよね。総合の目から見るとどの格闘技もやるに値する。そういう見方がだんだん根付いていきて、2種目3種目やったっていいんだよっていう空気はできていくと思うんです。

増田　必ず役に立つと。

中井　はい。今回も村田夏南子《かなこ》っていうアマレスのトップ選手がMMAも同時にやっていくって宣言したんですよね。そういうのは僕から見ると、あっても全然いいでしょと。強い選手を作るためにMMAを使わないといけないとは思わないですけど、クロストレーニングはその人の技術の幅を広げるので、その選手が望んでいるのならやりたいことをやればいいと思うんですけどね。

日本柔道と日本柔術のこれから

増田　4年後の東京五輪に向けて、日本柔道はどうなっていくだろう。かつてのようにメダルラッシュを期待したいところだけど。

中井　日本柔道は復調しているように見えますよね。やっぱりいまのルールに適した柔道をするようになった。もともとみんなクオリティは高いんで。それでいまのルールでやればいいんだろってやってみて、そこそこ成果を残しているとは思いますよね。そこは信じたいですよね。

増田　日体大に入ったばかりの阿部一二三《ひふみ》君（66キロ級の日本のホープ。リオ五輪最終選考会の準決勝では海老沼匡に一本勝ちして優勝したが出場はならず）は強いよね。これから大注目。そして同じ日体大に古賀稔彦の長男颯人《はやと》（73キロ級）も同期として入った。これから先、次の東京五輪を目指す期待のホープ2人が同じ大学だというのはワクワクするね。日体大はこれからすごく面白い。ただ日体大は伝統的に軽量級や中量級が強いけど、重量級の層は国士舘とか東海とかが強いね。

中井　やっぱり国士舘、東海大、そこに日大が入りこもうとしていますよね。

増田　日大は最近ぐいぐい伸びてきてるよね。やっぱり東京の柔道家の層は厚いよね。

中井　僕は全柔連からコーチ依頼が来たら燃えますね。

増田　いろいろな先生たちに聞いてみようか。

中井　はい、ぜひ。アシスタントは植松（植松直哉。日本のトップ柔術家の1人。『木村政彦はなぜ力道山を殺さなかったのか』で木村vsエリオ戦の解説をしている）でね。いま、それができるのは僕と植松くらいだと思うんで。柔道出身の柔術家はたくさんいるのに、僕のように柔道場に行ったりしないんですよ。せいぜい僕と植松くらい。

増田　他の柔術家は行ってないの？

中井　ぜんぜん行ってないですね。無理ですね。本人たちにその頭がないから。柔道出身の柔術家、芝本幸司とか中村大輔とかいるんですよ。で、その側近が僕に相談しに来たときに「本当ならあいつらは柔道に戻ればいいんだよ」と言ったことがある。「柔術で身に付けたものを柔道界に教えてあげればいいのに」って。誰も柔道から逃げたとか辞めたとか、言ったりしないと思う。強かった人間だから、行きづらいんだろうけど、俺みたいに半端な所にいると、空気を読まないことはできるけど、あいつらは空気読んじゃうんだよね。これ、柔道と柔術が逆の場合も同じなんです。俺が日大に出稽古に行く。「他のトップ柔術家も来ればいいじゃん」って誘ってる。でも来ないんですよ。予想はしてたけど、これがいまの柔術家のよくないところだと思うんですよね。

増田　へえ。そういう空気になってるんだ。

中井　はい。柔術の方も頑になっていてだめなんですよ。それを僕は２００６年に現役辞めたときのインタビューですでに言ってたけども。それが現実になってきている。

増田　柔道とルール違って、動きも違ってもね、ゴロゴロと寝技をやるだけで、フィジカルの訓練になる。違う動きをしてくれるからこそ、かえって動きが予測できない対外国人選手のシミュレートとしても勉強になると思うけどな。

中井　そうなんです。マスターズの黒帯とか茶帯の無鉄砲な奴ばっかり来たんですよ。彼らは「年齢的に一線じゃない」という思いがあるから好奇心があるんですよ。

増田　やられてもいいからね。

中井　そうなんですよ。で、やってみて、「柔術が通じないんですね」って驚いて言ってくる。「あのな、あんたらいつも柔道家はカメになるからとか、足関節がないからとか柔道の寝技をバカにしとったやないか」って。「やってみて通じんてわかったやろ」と。柔術家は自分から引き込んで正対する。「でもカメになるのは恥だからってそのまま正対やってたら柔道家特有の強力な足抜きで足を抜かれるよね、そしたら胸合っちゃうよね、なったらおしまいだろ」と。「だから俺ら七帝柔道の選手は試合時間6分あったら3分は正対して3分はカメとか、そういう計算するんだ」と。そうじゃないと取られちゃうから。「カメをやるのは必要悪なんだ」と。「カメは悪い」って言ってる人間は一面しか見ていないんだ。

増田　だんだん熱くなってきたな（笑）。

中井　はい、すみません（笑）。

増田　でも読者が知りたいのは、そういった中井の熱い本音だと思うな。

中井　はい。（身を乗り出して）いろいろ言ったあと「でも君らサムライやで」と。「トップ校の1つ日大柔道部に柔道のルールで勝とうとしてるんだぞ」と。「これ、どんだけクレイジーなことか柔道出身の人に聞いてみ。笑われるから。寝技中心の七帝ルールで今日やるから勝てると思ったんだろうけど、そんなわけにはいかなかっただろ」って。「でも君らは凄くいい経験したよ」と。

増田　やってみることが本当、大事なことだよね。どのジャンルでもね。

中井　そうなんです。だから俺は日大柔道部で言うんです。「見てみ、今日も誰もトップ柔術家来てねぇよ」。奴らは言うさ、「柔道家はすぐカメになるから」とか「足関節ないから」とか。「投げたら一本で終わりだから」とか「俺等はそこからだから」とか言うさ。でも本音はスーパー体力のある、フィジカルが異様なほど強いトップ柔道家と一緒に練習したくないんだよ。俺から言わせれば、あいつら本当に勝ちたいと思ってるわけじゃないんだよ、申し訳ないけど。

増田　今日の中井は厳しいな……。

中井　「MMAファイターも来ていないやないか」と。MMAの先生方は柔道やらせてどうすんのって思ってるんですよ。「レスリングに行くならわかるけど、なんで柔道の出稽古せないかんのや」みたいに思ってる。じゃあレスリングなら行くんだなということで俺が音頭をとって「日大とレスリングをしに行きましょう」と言ったとする。でもMMAファイター来るかっていったら相当疑問ですよ。「関節技がないから」とか「フォールで終わっちゃうから」とか言って。でもね、強豪トップ大学の柔道部員でもレスリング部員でもいいけど、誰かが総合格闘技のジム入ったらほどなく一番強くなっちゃうんじゃないか、と。でしょ。だってフィジカルは最初からあるんだから覚えちゃえば一番強いんだから。でもそいつらが大学の柔道部やレスリングに戻ってあのときの魂を戻すために練習したいかって言ったら「いやあ、もうあんな学生みたいなことできないです」ってなる。それが現状ですよね。そういう人が運よくUFC入ったとする。UFCはファイトマネーが高いアメリカの超人気格闘技興行だから、レスリングや柔道のオリンピックとかオールアメリカンとか、選ばれたやつが就職するがごとくＵＦＣに入ってる。もう、スタート地点から１００対１やないかと。大学の柔道部には戻れない？　あんな学生みたいな練習もうできない？　それでは上に行けん。それが現状なんだぞ、と。

増田　今日はほんとに厳しい言葉が出るな……。

中井　それ考えたら俺は、悪いけど、柔術家が外に出られないんだったら柔道とかレスリングをやってたフィジカルの強い奴に柔術を教えこむしかないと思ってるよ。興味持ってるやつにはバンバン教えちゃうし。で、そのとき俺は言うさ「俺たちがやってる柔道の方が本当の柔術です」って。「立技もできるから」ってな。それぐらいの刺激はしないと。

増田　今日は本当に柔道にも柔術にも厳しい言葉がバンバン出るな。こういったこと、格闘技専門誌でも中井は言わないよね。一般向けの本だからこそストレートに言えるのかもしれないけど。

柔術の普及により生まれた「歪み」

中井　日本でブラジリアン柔術がこれくらい広がったがゆえに、色々な解釈が生まれて、簡単に言うとみんな「自分のしがみついているものが柔術です」っていう状態なんですよ。これは柔術を広めた僕からするとまだ「半分」の状態なんです。ＢＪＪルール（ブラジリアン柔術ルール）で大会をたくさん開いたことによって底辺が広まり、いいところもすごくあった。でも結局、彼らのなかでは「ＢＪＪルールが柔術です」ってことになってるんですよ。まずいな、これはと、僕は途中から気づきました。

増田　柔道の踏んだ轍だよな。本来は講道館柔道は、もっと幅広く深いものだった。たとえばレスリングやボクシングを相手に戦うにはどうしたらいいかとか、嘉納治五郎先生は本気で考えておられた。剣道の小手をつけて殴ってもいい乱取りをしようとしたり、どんな格闘技にも遅れをとらない柔道を模索していた。それが柔道の一側面である競技ばかりに傾くようになって、いまでは「国際ルールが柔道です」になってる。それはそれでいいことなんだけどね、その競技が発展するためには。

中井　そうですね。だからよかったところもあるんですけど。いまやってるような柔術職人みたいな奴ら、柔術をやってる奴らトップ選手はみんな凄い職人ですよ。本当に非の打ちどころがない。世界のメダリスト、ベスト８くらいまでは０対０でいけるくらい。だけど勝てない。無理。

増田　そういうこと言ってるのは中井祐樹とヒクソン・グレイシーと植松直哉くらいだ。世界の格闘技界広しといえども、この３人しかいない。

中井　３人しかいないですね。だから「こっから先は柔道とかレスリングの奴にも俺は平気で教えます」と。その結果が僕がいまやってる日大柔道部での指導だったりするわけなんです。トップスポーツの選手に柔術の技術を教えて乗り越えさせると。ただ、出遅れすぎていて遅いですけどね。でも遅くてもやらなけゃいけない。柔道の人達も寝技が強くあってもらわないと困りますし。

増田　だからね、このあいだ言ったよね。講道館と全柔連に一緒に挨拶に行こうって。先生方に紹介するから。トップの先生方に会って、中井がこうこうしたいって言って頭を下げれば、それは十分通じるはずだと。講道館や全柔連にいる先生方はみんな元超一流の競技者で、本物の人ばかりだから。誠意をもって話をすれば、中井祐樹も本物なんだから通じるはず。中井が講道館で寝技を指導する、それが中井の柔道界への一番の恩返しだと思う。だって中井が寝技を指導するってなったら新聞やテレビがこぞって好意的に報道するよ。「講道館が変わった」「柔道界が変わった」「開放的になった」「進歩的になった」「革新的になった」と言われるのが、柔道界に一番のプラスだから。

中井　本音を言ったら、講道館で柔道の寝技を教えたいですよ。

増田　でしょ。中井は武道家で謙虚だから気持ちを表に出すのが苦手だから。でも、もう誰もが認める日本格闘技界のトップで、弟子を何万人も抱える日本ブラジリアン柔術連盟のトップなんだから。スパッと本音で言わないと、相手もわからないから。行って頭を下げれば先生方は一流の方ばかりだからわかってくださるはず。本当に講道館を、そして柔道を愛してる人たちばかりだから。

中井　入れてほしいですよ僕を。まぁ、いろいろ問題あるんでしょうけど。

増田　いいんだよ、問題があったって。そんなことは些事。だって人生、いつ体壊して倒れるかわかんないんだよ。生きてるあいだに動かないと。なんのために生まれてきたのか。何かを後ろに繋ぐためだよね。要はいかに真剣に考えているか、そしていかに柔道を愛しているか、それだけだから。俺が50歳、中井が45歳だけど、柔道界の大先生方からしたらまだまだ若造だよ。でもだからこそ、若造だからこそ、言いやすい。これが60歳過ぎたらなかなか言えないけど、40代、50代なら言えるよ。向こうが60代、70代、80代の超一流の先生方なんだから。「お願いします」ってきちんと頭を下げて。

中井　はい。

増田　中井が講道館で寝技を教える――これって世界の格闘技史にとってすごく歴史的なことだよ。もともと柔道も柔術も一緒だったんだから。いや、講道館柔道からすべては始まってるんだから。ブラジリアン柔術だってサンボだって、柔道がなかったらできなかったんだから。そうしたら総合格闘技もできなかったわけよ。講道館護身術を作った先生は誰だったっけ?

中井　ええと……。

増田　富木謙治先生（早稲田大学出身の柔道家。合気道でも植芝道場で8段を允許された）だ。あの先生が嘉納治五郎館長から「植芝盛平先生のところへ行って離れた間合いでの乱取りを研究してこい」と背中を押されて、植芝道場へ入門した。だけど戻ったときには嘉納先生が亡くなっていて、排斥されて、ああいうかたちで講道館護身術の形だけ残ったけど、当時中井と同じことを言ってるんだ。「私が植芝道場で修行して研究してきた柔道に使える離れた間合いの実戦技術すべてを自由に使ってください」と。「僕の名前は残さなくていいから、離れた間合いの乱取りもすべて取り入れてください」って。結局、それは叶わず、護身術の形だけが残った。でも形だけじゃ競技武道である柔道には似つかわしくない。本当はもっとたくさんの競技部分を戻そうとしてたんだよね。それは富木先生のお弟子さんに聞いた。あまりにも政治的な世界になっちゃってたらしい、当時は。

中井　つまらないですね、それは。僕の寝技技術も全部使ってくださいと言いたいです。

増田　いまなら中井も若いからすっと入っていけるんだよ。ノックすれば入っていけるから。俺よく取材なんかで「あの人にどうやって会ったの。どうやって取材したの」って聞かれるけど、目上の人でもなんでも、会いに行くしかないよね。誠意をもって。ノックしないと可能性はゼロだけど、ノックすれば1％でも2％でも可能性が出てくる。向こうも人間だから、幽霊でも妖怪でもないんだから。だから中井が行かないと。そうしたら柔道界、柔術界、全部が動くでしょ。海外の関係者はみんな「ブラボー！」って驚くよ。間違いなく。

中井　金野潤先生が僕と組んでるのも、やっぱりまだ「何かやってるよ」ぐらいだと言ってましたね。「先生、立場悪くなったりしないんですか」と僕が気にして聞いたら。

増田　金野先生はすごく頭が良くて優秀な先生だから、中井は気にしなくていいんじゃないかな。

中井　はい。金野先生に「青木真也とか使ったりしても、大丈夫なんですか」って聞いたんです。そしたら「それはうちのことですから」って、金野先生のほうが気を使っているのはわかりました。でも今年、僕が関わらせてもらって、練習してた奴が国際大会の優勝とかしてるんで。本当にびっくりしますよ。

増田　たしかにね。

中井　日大はぶっちゃけ、寝技をやってこなかったんです。だからだめなんですと。まずは柔道の試合で使える思考方法、補完的な思考方法を指導しました。君はグラウンドやらなくてもいいけど投げられたらどうするの。こう来てこうされたら投げられるじゃん、それを防ぐにはどうしたらって。そんなかたちでトータルで指導しました。

増田　金野先生は現役時代からほんとうに柔軟な方だよね。でもこうして日大の金野先生の先進的なお話を聞かせてもらったり、あるいは中井があちこちへ出稽古行ったり指導したりしてるのを見ると、木村政彦先生は、よくあの時代に、昭和10年代とか20年代だよ、ボクシングとか空手とかいろんなクロストレーニングをしたなと。そして昭和30年、40年代に拓大の指導者になっても学生たちにボクシングやらせたりレスリングやらせたり空手やらせたり。筋肉が硬くなるからと言われていたウエイトトレーニングまでびっしりとやらせて。

中井　いやあ、半端ないですね。巻き藁突くとかね、ありえないですよ。「タックルもやった方が柔道には長い目で見ると役立つ」とか、そういうことを言うヤツがいまはいないじゃないですか。足を反則だからやっちゃだめって話であって、本当はタックルを切るときの所作とかが、格闘技の腰の落とし方だとか、膝の力を一瞬抜いて落とすこととかにつながるからやった方がいいって話なのに、単にルールの話に終始しちゃうんですよ。北大の笹谷コーチ（笹谷敏明。札幌大学柔道部出身の寝技の名手。2年前に北大柔道部コーチに就任）が言ってたんですけど、いまは高校からタックルなしだから、その対処が遅れまくっていると。

増田　本来なら柔道にもあった技なんだから、柔道家は基本レベルなら自然に体が反応して防げるはずなんだけど。

中井　そうなんです。それがいまでは1年生のインターハイとかに出てる奴が凄い嫌そうなんですよ。そんなのチャンスじゃん！　って思うんですけど。

増田　木村先生は昭和30年代に「本当の戦いは手をついてから始まる」と看破してた。化け物だよ。体の化け物でもあるけど、思考の化け物でもある。

中井　凄いですよね。あの時代に1人でブラジル行ってバーリトゥードやるって。

増田　肉体的にも化け物だけど、格闘家としての精神性、考え方も化け物。でもね、楽しかったと思うんだよ、俺は。死ぬとき本当にいい思い出をいっぱい抱えたと思う。やることやったんだから。プロレス行って力道山とああいう試合にならなければボクシング特訓もやんなかっただろうし、バーリトゥードもやらなかっただろうし。だから生涯通してみたら格闘技者としてこんな幸福はないですよ。

中井　牛島辰熊と木村政彦って、永遠のテーマなんですよね。師と弟子がどう関わりを持ち、どう別れるかの。

増田　それはそのとおりだと思う。『木村政彦はなぜ力道山を殺さなかったのか』はだからさ、木村先生と力道山の本のように見えるけど、牛島・木村・岩釣師弟の物語なんだよ。そして最後に木村先生が弟子の岩釣先生にバーリトゥードの特訓をさせる。あれは凄いことだよ。一般レベルの柔道家だったら昔なら全国あちこちで「喧嘩に使えないか」ってバカなこと研究してた人もたくさんいた。だけど膨大な競技人口のスーパートップに立つ全日本チャンピオン同士だからね。柔道の全日本王者がいま、殴り合いの練習をするなんてことは絶対ないもんね。

中井　そうです。本当に凄いことです。

いまこそ武専の復活が必要だ

増田　ときどき格闘技関係者と話すんだけど、吉田秀彦も1回もKOされなくて、やっぱり凄かったなと。精神力とフィジカルだけで当時のPRIDEトップファイターと殴り合ってたからね。それでほとんど勝ってたんだから。

中井　吉田さん凄いですよ。申し訳ないけど、世界のトップではない。でもあの時代、あれをやったのは凄い。

増田　けして巧くないパンチや蹴りを出しながら、前に前に出ていって捕まえる、あの精神性。柔道関係者としては感動の連続だった。

中井　凄いですよ。本当の意味で木村政彦の後を継ぐのは吉田さんかもしれないですよ。

増田　そうだよなあ。さっきも少し話したけど、あのときはPRIDEに吉田が出ると、リングサイドで現役の鈴木桂治とか棟田康幸とかみんな応援してたんだよね。それってすごいことだと思うんだ。いろいろ吉田のあの参戦を言う人もいたけど、でも柔道の凄みを世間に見せて、柔道家が一体になって会場やテレビの前で応援できた。柔道界の大貢献者の1人だよ。

中井　そういう武道界の凄みを戻していくためにも、改めていま、武専（正式名は大日本武徳会武道専門学校。戦前、京都にあった武道家養成機関。官民双方がバックアップしていた。柔道のほかに剣道部門などもあった）が必要なんじゃないですかね。増田さんの大宅賞のパーティで猪瀬直樹さんにお会いしたとき、猪瀬さんは理解してくれたけど、（辞任は）残念でしたね。本当は国の予算でやれないかなって思いますよね。専門家を養成する機関がないと。

増田　国際武道大を国立に移管するとかね。ハードはあるわけだから。

中井　そうですね。それは思います。僕も。

増田　逆に国際武道大は募集人員を減らすっていうからね、柔道と剣道の人気が落ちてきたからかもしれない。あれだけの建物、教授陣、ハードがあるのにもったいないよ。日本には国際武道大だけじゃなくて武道学科や柔道専攻のある大学がたくさんあるよね。天理大でも東海大でも国士舘大でも鹿屋体育大学でも。ちょっと極端な言い方すると、ドイツの大学にビール学科とか、アメリカの大学にカウボーイ学科とか、そんなのないでしょう。もちろん単一の研究者はいるけど、学部学科として数十人数百人を学生として毎年入学させている大学なんて他国ではありえないと思う。大学がその専門学科を置くということは、当然設立時に国の認可が必要なわけで、国は必要だと思ったから作ってきた。でもだんだん「必要じゃない」という風が吹いてきた。この風が微風のうちになんとかしないと。逆風になり竜巻になり台風になってしまうと、本当に消滅してしまう。その前に手を打たないと。

中井　そのなかに研究機関も置くべきだし、海外にいったものも研究しないといけないし。猪瀬さんはそこに理解を示して下さってたんですよね。

増田　だからやっぱり中井祐樹が核になって動いていかなくちゃいけない。中井が動けばみんな動くよ。1人1人に会っていく。どんどん会いに行くべき。自分の力だけでは時間的にも体力的にも限界があるんだよ。中井も、同じ時間に池袋の大道塾と九州のジムで指導することはできないからね。体は1つしかないし、時間は24時間しかないから。その布石で中井は会っていくべき。酒を飲んで本音を言って。山口香（ソウル五輪女子52キロ級銅メダル）先生には会った？

中井　いや、会ってないです。去年の七帝戦で佐藤宣践《のぶゆき》先生（山下泰裕や井上康生の師匠。1973年世界選手権優勝。1974年全日本選手権優勝など。元東海大学教授）や、あと奈良でセミナーやったら近所だというので藤猪省太先生（世界選手権4連覇を成し遂げた伝説の背負い投げの名手。現在は天理大教授）が来てくれて。ずいぶんと話をさせてもらいました。今年も野瀬清喜先生（ロサンゼルス五輪86キロ級銅メダルなど。現在は埼玉大学教授）と飲みに行って。あと全柔連のドクターやってる松永大吾さん。、僕、試合してるんですよ。増田さんの1つか2つ下で。僕が2年のときの京都戦で4年生だったんですよ。

増田　どこの大学？

中井　京大です。全柔連のドクターなんですよ。今年の春に一橋大に教えにいったときに、野瀬清喜先生が師範でいらして、「松永って知ってる？　京都のやつなんだけど」「あ、僕試合してます」って。それで一席設けてもらって飲んだんですよ。
増田　へえ。それはよかったね。そういう繋がりを大切にしていかないとね。
中井　ありがとうございます。神取忍さん（柔道出身の女子プロレスラー。元参議院議員）ともお会いしました。「何やってんのさぁー」って。「いまだに若い奴殴ってんだよね」って（笑）。神ちゃん、最高ですよ（笑）。
増田　『週刊プレイボーイ』でヌードになったときは面白かったよね（笑）。裸でバーベルカールやって、ちょうど乳首がバーで隠れる位置で写真撮ってるの見てすごいと思った。おいおいって（笑）。
中井　神ちゃん、前に会ったときは政治家だったんですけど、ずっと関東選手権見てましたね。
増田　あの人、柔道好きなんだよな。
中井　うん、凄い好きですね。あんな政治家いないでしょ。３時間ぐらいいて、ずっと見てるんですよ。
増田　彼女はまだプロレスラーやってるの？
中井　はい。リング上がってますよ。
増田　すごいな。俺と同じくらいの歳だろ？　そういえば中井が戦った95年のあのＶＴＪ95の後に、『週刊プロレス』が表紙に使ったのは中井と神取のファイティングポーズ。

中井　僕は神取さんのバーリトゥードをサポートしてるし、あのあと堀田祐美子とか。いまの女子格闘技の走りは女子プロレスなんですよ、日本は。あれが日本の女子格闘技の走りなんです。いまはまだレベルは低いけど、精密です。でもフィジカルで負けちゃう。日本は体力が揃って、技術で勝てるところまではいってないんですよね。その原型を作ったのが当時の女子プロレスなんだけど、松永兄弟という凄い人がいたから。「いいじゃん。神取に総合やらせればいいだろ」って言う人ですからね。それが凄いですよね。

増田　なるほどね。松永さんたちは凄いな……。

中井　神ちゃんとか若い子が総合行くとき、僕らセコンドだったんです。そのときに、アイドルとか「ＳＰＥＥＤ」とかのバックやるミュージシャンの気持ちがわかった気がしたんです。あの頃、朝日昇さんが「ＳＰＥＥＤ」のＣＤ買ってきてて、バック見たら青木智仁とか凄腕のミュージシャンなんですよね。みんな「どういうことなの！」ってなったときに、やっぱこういうことしてるんだと。この凄腕の人達は、この子たちをヒットさせるためにやってるんだと思ったときに、俺たちも同じだなと、すっと納得がいったんですよ。神ちゃんとか堀田とか、総合行くときは、俺たちが支えるんだって思ってましたからね。

増田　中井の家へ行くと、居間の壁が全面ぐるりとＣＤで埋まってるけど。家族怒んないか、あれ（笑）。

中井　あきれてますね（笑）。だいぶ処分しましたけど、あのままですよ。

増田　ほんと格闘家の家なのか音楽家の家なのか一瞬わかんないもんな（笑）。

中井　――（照れ笑い）。

中井スタイルはウィンドウズ方式

増田　第一章でも少し話したんだけど、中井のやり方はビル・ゲイツと同じなんじゃないかと。マックとウィンドウズの戦い。つまりアップル社のスティーブ・ジョブズももちろん凄いけど、ビル・ゲイツと公平に比較すると、パソコンにおけるマックの比率は世界では10％ぐらいしかないわけだよね。90％はウィンドウズ。ウィンドウズ95、ウィンドウズ98と発表した20世紀末からウィンドウズが世界を席巻して天下を獲っちゃった。

中井　はい。

増田　なぜウィンドウズが90％までいったのかというと、アップルは自分のところでハード（パソコンの外側の箱。つまりパソコンの機械。対する機械のなかのプログラムはソフト）も作ってそこに自分のところのマックＯＳ（オペレーティングシステムの略。そのパソコン自体を動かす基本ソフト）を入れてそれを売った。対するビル・ゲイツはウィンドウズというＯＳを開発して、それをハード会社に使わせた。それで世界中のメーカー、ＩＢＭとかソニーとか、世界の名だたる会社がそのフォーマットに合わせてハードを作り出して流れが一気にそちらに傾き、９対１という圧倒的な差ができちゃった。いままで「自由に使ってよ」なんてなかったんだよね。これみんなに公開するから、好きにやってくださいといって、全体が伸びるのを助けた。ビル・ゲイツはビジネスの世界で革新的なことをやった。その辺がパラエストラとか、中井のやってきたことと似ている。

中井　なるほど。たしかにそうですね。

増田　中井がブラジリアン柔術を広めたりパラエストラを広めたりするとき、やりかたはビル・ゲイツであり、ウィンドウズだったわけだよね。マクドナルドとかスターバックスとかローソンとか、そういった他のフランチャイズにはなかった方法でやった。ああいったところはみんな看板の大きさから色からすべて決めて、売り方のマニュアルがあるんだけれども、ウィンドウズはそれをやらなかった。自由にハード、ケースを作ってやってくださいと。容れ物はそちらでご自由にと。それが中井の考えに非常に似てる。

中井　たしかにそのとおりですね。格闘技というのは1人の考え方で流派ができるようなところがあって、それは当たり前なんですよね。違って当たり前で、分かれていくのが普通なんですけど、その分かれることは全然いいじゃないと。むしろ人が大事なんで、その人が意思を持ってやっていくことを妨げないという方が結果的には広がるんじゃないかと思うんですよね。それが一番ですね。

増田　1人で全部できるわけじゃないからね。

中井　そうなんですよ。それに合った人が集まって、合った人が楽しんでいるわけだから。それで正解だし。柔術は1個と言われますけど、違うと思うんです。「ウチはこうだ」ということを言う人が多いですけど、型の方法が一緒というのはあるでしょうけど、そこから生まれたものはそれぞれ違うと思うんです。表現されたものは人それぞれですよね。

増田　表現されたもの――――いままでの格闘技界では使われなかった言葉だよね。

中井　そうですね。

増田　戦い方もそうだし、ジムの在り方もそうだし、1人1人の「表現」なんだね。

中井　そうですね。

増田　自己表現の1つの手段。

中井　それが生まれるのが、格闘技のいいところなんです。僕は格闘技とかブラジリアン柔術とか呼ばずに「自分」とか「やり方」とか「生き方」とか、そういう名前つけたいですよね。本当は。

増田　中井祐樹が言っていることは嘉納治五郎先生の仰っていることと同じだね。柔道とは戦う技術のことを指すのではなく、考え方や生き方のことをいうのだと嘉納先生も仰った。違うルールの違う格闘技だけれども、そこを登り詰めていくと、結局トップは同じ結論に達するのかもしれない。競技ではなく哲学にまで昇華してしまう。社会のなかでその考えを活かすのが柔道であり、ブラジリアン柔術であり、総合格闘技であると。

中井　はい。

増田　今回はたくさんの話をありがとう。格闘技選手だけじゃなく、あらゆるスポーツ選手、あるいは他のジャンルで頑張る人たちの哲学書のようになればいいね。

中井　はい。ありがとうございます。僕にとっても貴重な経験になりました。これからも頑張って格闘技界を盛り上げていきますので、読者の皆さんも応援よろしくお願いします。

「ブラジリアン柔術のスパーリング前後の礼は、頭を下げ合うんじゃなくて、こうして手のひらを互いにパチンとして、それから拳を軽く当て合うんです。すごく南米的でフレンドリーな感じなんです」（増田）。「柔道には柔道の良さがあり、ブラジリアン柔術にはブラジリアン柔術の良さがあります。両方のいいところをミックスして中井流にアレンジし、これからも両方の選手を指導して強くしたいですね」（中井）

私の格闘技精神がすべて詰まった本

中井祐樹

北海道の片田舎、浜益村で生まれた私は、中学までは家族のもとでやんちゃな少年時代を過ごし、高校で親戚の家に預けられて札幌北高に越境入学した。そこで出会ったのがアマレスで、ここから本格的な格闘技修行がはじまった。

北海道大学に入学すると、今度は七帝柔道という寝技中心の柔道を北大柔道部がやっていると聞き、見学に行ってその場で入部を決め、それに打ち込んだ。

そして4年生の夏に大学を中退し、佐山聡先生が創始したプロ総合格闘技団体プロシューティングに入門したのが22歳、VTJ95が24歳、そして右眼失明、総合格闘技引退、ブラジリアン柔術家への転向、「パラエストラ東京」の起ち上げなど、ここまで疾走し続けてきた。

私も今年で46歳となる。

2006年にブラジリアン柔術家としての現役を引退し、実際に体で闘う格闘家としての第1ステージを過ぎた。だから、これまで胸中で反芻してきた思いを体系化して発信していきたいと考えていたところに、新潮社さんから対談のお話をいただき、ぜひにとお願いした。そして、私の格闘技精神がすべて詰まったこの本が完成した。

技術書はこれまでにたくさん出した。技術ＤＶＤもたくさん出した。これから先は、嘉納治五郎先生がそうしたように、このような本で広く社会に思想を問うていきたい。指導の合間を見てさらに次の評論本のようなものを執筆していければと思っている。

最後に、この本を出版するにあたって多大なご尽力をいただいた編集部の岡田さん他、新潮社の各部署の方々に御礼を言いたい。ありがとうございました。

２０１６年６月吉日

■中井祐樹（なかい・ゆうき）　ブラジリアン柔術家、元総合格闘家。１９７０年、北海道浜益村生まれ。北海道大学法学部中退。札幌北高校ではレスリング部だったが、北海道大学で寝技中心の七帝柔道に出会い、柔道に転向。七帝戦で北大を12年ぶりの優勝に導き、4年生の夏に大学中退。上京してプロシューティング（現在のプロ修斗）に入門、打撃技も身に付けて総合格闘家に。94年、プロ修斗第2代ウェルター級王者に就き、95年のバーリトゥード・ジャパン・オープン95に最軽量の71キロで出場。1回戦のジェラルド・ゴルドー戦で右眼を失明しながら勝ち上がり、決勝でヒクソン・グレイシーと戦う。このときの右眼失明で総合格闘技引退を余儀なくされたがブラジリアン柔術家として復活。現在、日本ブラジリアン柔術連盟会長、パラエストラ東京代表。

■増田俊也（ますだ・としなり）　作家。１９６５年、愛知県生まれ。北海道大学教養部中退。愛知県立旭丘高校で柔道部に入部、七帝柔道に憧れて2浪して北大に入学した。4年生の夏の七帝戦を最後に引退し、大学を中退。北海タイムス社、中日新聞社を経て、２００６年『シャトゥーン　ヒグマの森』（宝島社）で「このミステリーがすごい！」大賞優秀賞を受賞。12年、史上最強の柔道家・木村政彦の生涯を追った大部の評伝『木村政彦はなぜ力道山を殺さなかったのか』（新潮社）で大宅壮一ノンフィクション賞と新潮ドキュメント賞をダブル受賞。13年、北大柔道部時代の青春を描いた自伝的小説『七帝柔道記』（角川書店）で山田風太郎賞最終候補。他著に『ＶＴＪ前夜の中井祐樹』（イースト・プレス）、編著に『肉体の鎮魂歌《レクイエム》』（新潮社）など多数。

カバー・本文写真　新潮社写真部（P67、P153）
本文写真　中村陽一（P107、195、236）
写真提供　ベースボールマガジン社（P11）
著者（カバー、P10）
装幀　新潮社装幀室

本当《ほんとう》の強《つよ》さとは何《なに》か

著　者　増田俊也《ますだとしなり》　中井祐樹《なかいゆうき》

発　行　2016年7月15日

発行者　佐藤隆信
発行所　株式会社新潮社　郵便番号162-8711
東京都新宿区矢来町71
電話：編集部　03-3266-5611
読者係　03-3266-5111
http://www.shinchosha.co.jp
印刷所　錦明印刷株式会社
製本所　株式会社大進堂

ISBN978-4-10-330072-4　C0095
価格はカバーに表示してあります。